李学勤　罗哲文

俞伟超　曾宪通　彭卿云

百家争鸣时期

李默／主编

中华文明是人类历史上最伟大的文明之一，是人类文明发展的主要构成。中华文明丰富、深刻、辉煌、博大，在人类文明中的骨干作用和领导作用为人所共知。在人类文明的发源时期，中华文明就是四大古文明之一，是地球上文化的策源地之一。

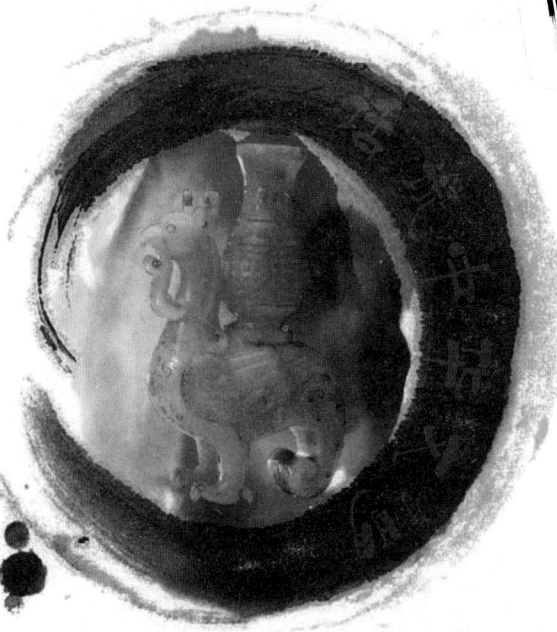

广东旅游出版社
GUANGDONG TRAVEL & TOURISM PRESS
悦读书·悦旅行·悦享人生

中国·广州

图书在版编目（CIP）数据

百家争鸣时期/李默主编．— 广州：广东旅游出
版社，2013.1（2024.8 重印）
ISBN 978-7-80766-412-3

Ⅰ．①百… Ⅱ．①李… Ⅲ．①中国历史—春秋时代—
通俗读物 Ⅳ．① K225.09

中国版本图书馆 CIP 数据核字 (2012) 第 257537 号

出 版 人：刘志松
总 策 划：李 默
责任编辑：张晶晶 梁诗淇
装帧设计：盛世书香工作室 腾飞文化
责任校对：李瑞苑
责任技编：冼志良

百家争鸣时期
BAI JIA ZHENG MING SHI QI

广东旅游出版社出版发行
（广东省广州市荔湾区沙面北街 71 号首、二层）
邮编：510130
电话：020-87347732（总编室）020-87348887（销售热线）
投稿邮箱：2026542779@qq.com
印刷：三河市嵩川印刷有限公司
　　　（河北省廊坊市三河市杨庄镇肖庄子村）
开本：650×920mm　16 开
字数：105 千字
印张：10
版次：2013 年 1 月第 1 版
印次：2024 年 8 月第 3 次印刷
定价：45.80 元

出版者识

　　《话说中华文明》是一部全景式图文并茂记录中国文明历史的大书。出版者穷数年之力，会集各方力量——专家、学者、编辑、学术顾问们，在浩如烟海的历史档案、资料、著作中，探珍问宝，追寻中华文明在悠悠历史长河中的灿烂之光。此书的出版，凝聚了编撰者的心血，学术顾问们的智慧。尤其是李学勤先生，亲自动笔写下了序言，更增加了本书沉甸甸的分量。

　　中华文明的历史充满了辉煌与苦难，成就和挫折。它的历史无处不在，决定着我们中国人今天的思想和感情。当今的中国和中国人是中华文明的历史造就的，是中华文明的历史的延伸，也是它的一个组成部分，中华文明的历史之河奔流到现在。

　　中华文明是人类历史上最伟大的文明之一，是人类文明发展的主要构成。中华文明丰富、深刻、辉煌、博大，在人类文明中的骨干作用和领导作用人所共知。在人类文明的发源时期，中国就是四大古国之一，是地球上文化的策源地之一。在人类文明的早期，中华文明成为文明在东方的支柱，公元前后200年间，人类的汉帝国与罗马帝国这两只铁手攫住了地球。在欧洲进入中世纪的时候，中华文明更成为人类文明最主要的领导，它的文明统治东亚，传遍世界。进入近代，中华文明处于自身的重压和西方的欺凌下，但中国人民的斗争史和奋起精神是人类文明历史中不可缺少的一页。

　　五千年的中华文明为人类贡献出了从思想家孔子到科学技术的四大发明、从唐诗宋词到长城运河的伟大创造，贡献出了从诸子百家到宋明理学，从商周铜器到明清文学的深刻内涵，也贡献出了从五霸七强到三国纷争、从文景之治到十大武功的辉煌历史。中华文明的历史绚烂多彩，在人类文明的历史长河中永放光芒。

　　中华文明也是人类历史上最独特的文明，没有哪一个文明像中华文明这样持久，这样统一一致。世界上其他文明不但互相交错，其创造者也都与高加索体质的人种有关，它们是姐妹文明。在人类历史中，只有中华文明才是独特的，它的创造者是中国土地上的中国人民，与其他任何地方的人民都没有关系，它的文化是统一一致的文化，可以不依赖于其他任何文明而生存，但中华文明也绝不是封闭的，它接受他人的文化，也承担自己对于人类的责任。

　　人类进入新世纪，中国的社会经济发展令世人瞩目。人们对于世界未来的政治和经济结构的估计无不以东亚和太平洋为中心，而尤以中国为重点。

　　经济起飞只是当代中国的一个方面，中国的精神文明的建设尤为刻不容缓。如果中国要自觉地发展中华文明，要有意识地使中国的发展具有世界意义，就必须发展强有力的精神文化，这样才能使中华文明的发展进入一个新的阶段，才能形成中国和中华文明的全面现代化。

而中国的精神文化的发展植根于中华文明的伟大传统之中。进入近代之后，在西方文化的冲击下，对于中国文化的价值产生大量的情绪化和激烈冲突的论调。"五四"运动打倒孔家店的口号具有冲破封建束缚的时代意义，对中国文化的发展有不容否认的正面意义，与文化虚无主义是完全不同的。文化虚无主义者否定中国传统文化，在现代化的旗帜下主张全盘西化；而复古主义则沉迷于中国文化的古董，走进反进步、反科学的泥潭。

历史的发展则超越了所有这些论点，产生这些论调的一百多年来的中国近代史已经结束。历史要求中国发展，要求中国走在全世界发展的前列。西化论和复古论都已过时，历史已经要求世界超越西方，中国可以承担起世界的命运，而中国的现实和世界的历史都说明，中国的使命在于它的发展前进，而非倒退。

中华文明走出迷惘的时代，我们这一代处在一个伟大而具有挑战的历史阶段。

总结历史、展望未来，这就是《话说中华文明》的意义和使命。我们创作《话说中华文明》，力求总结和回顾中华文明的全貌，在内容和形式上都开创一个新的局面。在内容结构上，既具有一定的深度，又具有相当的广博性，既有严谨、准确的学术价值，又有活泼、流畅的可读性。我们在本丛书内容纳了中华文明的各个方面，使它综合了大规模学术著作的系统性、严密性和普及读物的全面性、简易性，它既可作为大型工具书检索中华文明的各个成分，又可作为通俗的读物进行浏览。

我们从上世纪90年代初起就开始思考中华文明的历史和现实问题，并逐渐形成了编著《话说中华文明》的设想。在开展这项庞大的文化工程之始，我们就聘请了国内权威学者李学勤、罗哲文、俞伟超、曾宪通、彭卿云诸先生担任学术顾问，他们对计划作了充分讨论，并审阅了大量初稿。我们聘请了广州、香港地区的社会科学学者、大学教师、研究生以及我社编辑人员几十人担任稿件的撰写工作。

通过创作这部书，我们深深地感受到了中华文明的博大精深，也感受到了它的内在缺陷。中华文明具有辉煌的时期，也有苦难的年代，有它灿烂的成就，也有其不足的方面。中华文明在自身中能够吸取充分的经验和教训，就能够使自身健康壮大，成长发展。

通过创作这部书，我们也深深感受到了出版事业的使命和重任。我们希望这部书能受到广大读者的喜爱，起到它所应当起的作用。为中华文明的反省、前进和奋起作一点贡献。

目 录

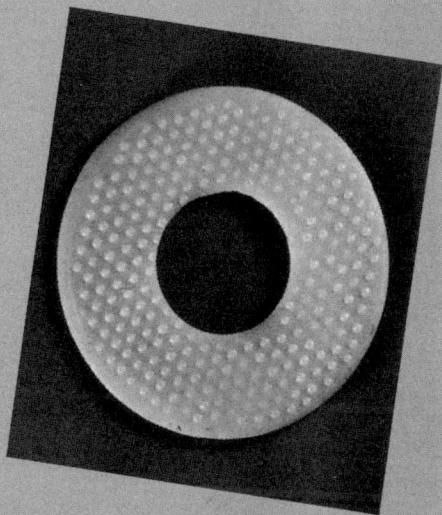

春
秋

春秋

594B.C. 周定王十三年

周王子札杀召伯、毛伯。

秋，鲁初税亩。

《左传》载晋大夫解扬"登诸楼国"而致君命。

593B.C. 周定王十四年

正月，晋灭赤狄甲氏及留吁，三月晋向鲁献狄俘。

周室复乱，晋卿士会平王室。

591B.C. 周定王十六年

春，晋、卫攻齐，齐以公子疆为质于晋，晋还师。

传楚庄王时大夫庄辛曾提到鄂君子皙请人翻译《越人歌》，为我国历史上第一篇诗歌翻译。

590B.C. 周定王十七年

三月，鲁制定"邱甲"制度。

589B.C. 周定王十八年

六月，晋、鲁、卫曹败齐于鞍，虏齐大夫逢丑父。

楚攻鲁，鲁赂楚执斫（木工）、执铖（女缝工）、执纴（织工）各百人以求和。

十一月，楚公子婴齐与鲁侯、蔡侯、许男、秦右大夫说、宋华元、陈公孙宁、卫孙良夫、郑公子去疾、齐大夫盟于蜀。

《左传》谓蔡景公、许灵公"弱"，"皆强冠之"。

588B.C. 周定王十九年

正月，晋侯率鲁侯、宋公、卫公、曹伯侵郑。夏，郑攻许。

冬，晋作六军，韩厥、赵括、巩朔、韩穿、荀骓、赵旃皆为卿。

586B.C. 周定王二十一年

十二月，晋侯会鲁侯、齐侯、宋公、卫侯、郑伯、曹伯、邾子、杞伯，盟于虫牢。

594B.C.

希腊梭伦任雅典执政，实行改革，颁布新法。

585B.C.

米堤、吕底亚于五月交战，订立和约，以哈里斯河为两国的疆界。

581B.C.

尼布加尼撒二世火烧耶路撒冷。

在巴比伦囚禁犹太人时期，基于口头流传下来的许多本《旧约全书》首次用希伯来文写成。

鲁国实行初税亩

春秋时期，诸侯之间大欺小，强凌弱，关系错综复杂。当时不仅有晋、楚两大集团的对抗，在每一集团内部亦往往发生矛盾冲突。齐、鲁都属于晋集团，但齐国往往倚仗强大而欺负鲁国。鲁国为积聚财富、增强军力，进行了许多内政改革。

周定王十三年（前594），鲁国开始实行按田亩之多少征收田税的"初

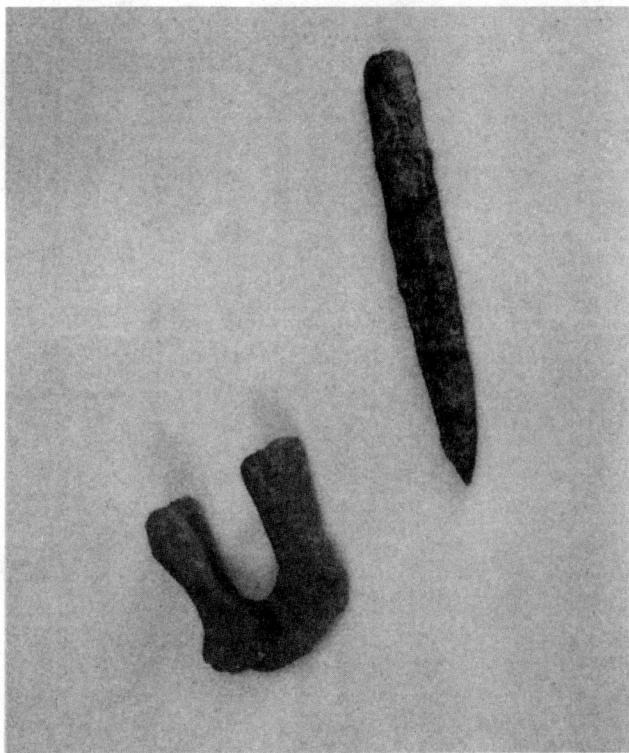

春秋时期用木炭还原法制得的铁制品

税亩"。商、周以来为井田制度，国家对于人民籍而不税，行力役之征，借民力以耕公田。春秋以后井田制崩溃，人口流动增加，生产力得到大发展，私田日辟，为增加国家之财政收入，鲁国遂于此年实行按亩收税。周定王

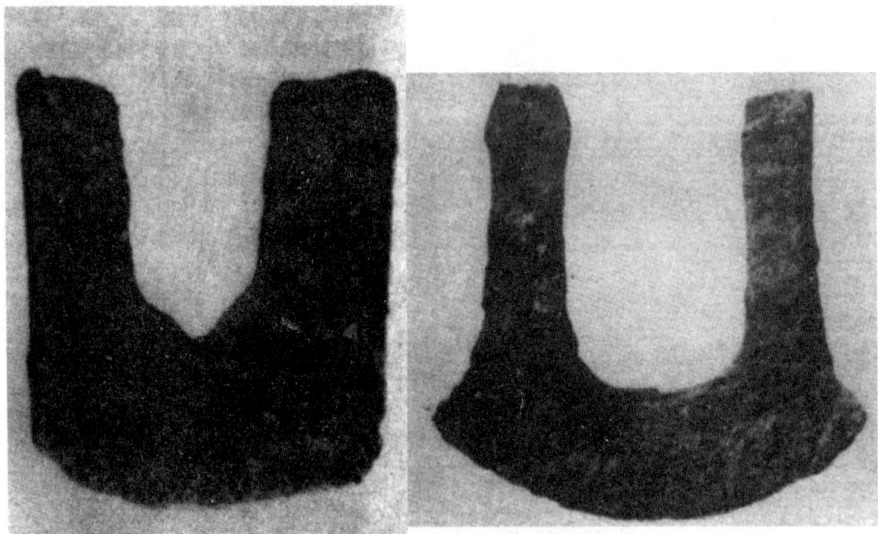

铁锄

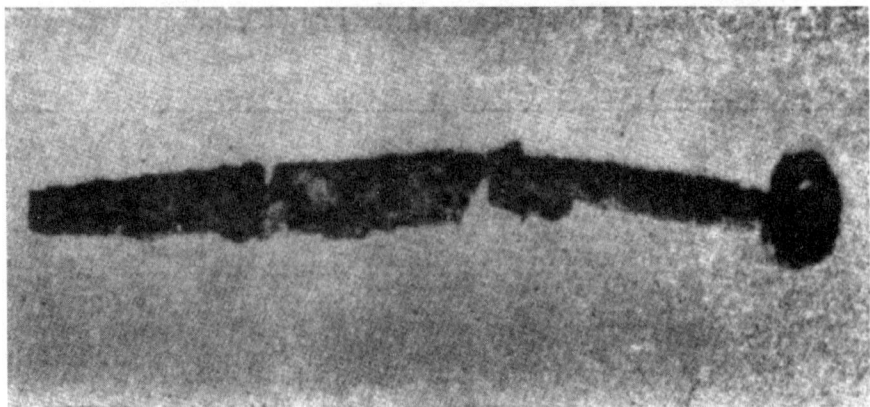

铁削

十六年（前591）齐、鲁交恶，鲁国害怕齐国侵伐，于第二年"作丘甲"，增收军赋，以加强军事力量。

"初税亩"制度的实行，表明私田的大量出现，得到官方的承认。自此，井田制宣告全面崩溃，一种新的封建土地制度开始形成。

鲁三桓日盛·逐东门氏

鲁宣公之立，借助于东门襄仲之力，东门襄仲之子公孙归父因而有宠于鲁宣公。周定王十六年（前591）秋，公孙归父见三桓（鲁桓公之族仲孙氏、叔孙氏、季孙氏）日益强大，公室反而日渐式微，就想去掉三桓。他和宣公策划以后便到晋国聘问，想要借助晋的力量去掉三桓。此年冬，鲁宣公死。季文子在朝廷上说，让我国杀死嫡子而立庶子为君，以至失掉诸侯强大援助的，就是东门襄仲！臧宣叔发怒说，当时不治东门襄仲的罪，现在他的后人有什么罪？您要除掉他，我执行就是。于是，鲁国把东门襄仲的家族东门氏驱逐出国。公孙归父从晋国返归，到达笙（今山东曹县东北）地，闻宣公死，东门氏被逐，便把帷幕遮住土坛，向他出使的副手举行复命礼节，欲使其副手代之复命于死君。复命已毕，公孙归父解去外衣，以麻束发，进入规定的位置号哭，顿脚三次以后退出，然后逃亡到齐国。

晋郤克聘齐·执晋政

周定王十五年（前 592)春，晋想聚会诸侯，派郤克到齐邀请齐顷公。恰好鲁国季孙行父、卫国孙良夫和郤克同时到齐国。齐顷公的母亲萧同叔子见他三人一个跛（郤克），一个眇（良夫），一个秃（行父），不禁笑出声来。郤克发怒，回国途经黄河时，他发誓：不报复这次耻辱，就不再渡黄河。回国后郤克请晋景公出兵伐齐，晋景公没有答应。

这年夏，齐国大使到晋，郤克杀了齐使四人。秋天，晋执国大臣士会告老退休，让郤克接替执政。郤克执政后第二年（前 591），晋国联合卫国伐齐，齐派公子强到晋国为人质，晋国撤军。前 589 年，齐国和晋国在鞍（今山东济南西北）大战，齐国大败。

楚王领钟

又名楚王领钟。铭五行一九字；原当为长篇编钟铭，今为残文。

楚王领即楚共王箴，铭称自作领钟，其音响亮。此钟形制与文字类似中原，楚文化特质尚未完全发展起来。

楚王领钟铭文

楚庄王围宋·华元解围

　　周定王十二年（前595），楚庄王派申丹出使齐国，途中必须经过宋国，庄王却又不许申丹按照当时的惯例向宋国借道。申丹说："郑国人固执死板，倘不借道，我很可能会被他们杀死。"庄王说："若果如此，我一定会替你报仇。"

　　申丹至宋，果为宋人所杀。庄王闻讯大怒，投袂而起，亲率大军伐宋。九月，楚师围宋都城。宋使人至晋求救，晋人邲战之余悸未消，不愿发兵救宋，却派大夫解扬去告诉宋人不要投降，诡称晋之大军将至。解扬经过郑国赴宋，被郑人抓住献给了楚庄王。楚庄王厚待解扬，让他劝宋人投降。解扬假意答应，但在登上观察敌情的巢车与城上的宋人对话时，却告诉宋人晋国即将尽起大军前来援助。庄王以解扬背信而欲杀之，解扬说："我完成了国君交给我的命令，这才是真正的守信。"庄王于是释放了他。

　　楚军长期围城，从前一年九月直至周定王十三年（前594）五月，并在城外盖房种地，做出打算长期围困的样子。宋人害怕起来，执政华元亲自于夜间偷入楚营，把楚军主将子反从床上拉起来对他说："我国已粮尽援绝，燃骨为炊，易子而食。但我们宁愿与国俱亡，也不愿订城下之盟。如果你们肯退兵30里，我们就唯命是从。"子反害怕华元用强，不得不答应华元的要求，并与他私下订立了退兵的盟约。第2天，子反将此事报告庄王，庄王命楚军后退30里，宋国遂与楚国结盟。

　　此役，楚师围宋都长达9月之久，是春秋时期围城时间最长的1次。

楚庄王卒

　　周定王十六年（前591）楚庄王卒。

　　楚庄王，名侣，楚成王之子。周顷王五年（前614）即位，即位三年，耽于娱乐，不理政事，后听伍举、苏从劝谏，开始罢淫乐，听政，诛恶进贤，楚国大治。前606年，楚庄王伐陆浑戎，到洛邑，观看士兵在周的疆城示威，并向周王使臣问九鼎的大小轻重，说楚只要汇集钩之喙，就可以铸成九鼎。前605年，楚灭掉强族若敖氏。前598年，楚庄王率诸侯军伐陈，杀陈大臣夏徵舒，以陈为楚县。后听了申叔臣劝谏才归还了陈地。前597年，楚围郑，攻了三个月，打败了郑，郑伯袒露上身牵着羊出来投降，请求讲和，楚庄王力排众议，亲自执旗麾军，退兵三十里，与郑讲和。之后，又大败前来救郑的晋军。

　　楚庄王是楚国最重要的君主，在位二十三年，虽然作为五霸之一，他的势力遭到以晋为首的中原诸侯的抵抗，未能控制中原，但是他控制了南中国，影响了中原。在他统治期间，楚国政治、军事、经济势力都达到顶峰，楚文化也发展成形。

晋齐鞌之战

周定王十八年（前589）春，卫穆侯派孙良夫、石稷、宁相、向禽将等率军入侵齐国。此年四月，卫军和齐军在新筑（今河北魏县南）相遇。石稷想退归，孙良夫认为，军队出征，遇上敌人就回去，如何向国君复命？如果不能打仗，就应当不出兵。现在既然和敌人相遇，那就不如一战。新筑之战中，卫军大败。石稷对孙良夫说，卫国军队战败，您如果不顽强坚持，以顶住敌军，就会全军覆没。假若丧失了军队，还有什么回报君命？他见大家都不回答，便又说，您是卫国之卿，假若损失了您，那就是卫国的羞耻。您带着大家撤退，

江中小母生鼎

莲盖方壶

我在这里殿后。石稷还通告军中，卫国援军的战车已经大批来到，以此鼓舞士气。石稷率领军队力战，齐军攻势被阻止，退守在鞠居（今河南封丘县境）。在新筑大夫仲叔于奚的救援下，孙良夫也得免于难，撤军回卫国。

新筑之战败后，卫军主将孙良夫没有返卫，迳直去晋请求发兵，这时鲁国臧孙许也到晋国请求援助。两人都找到晋国执政大臣郤克，请他帮助。晋景公答应给郤克七百辆战车前往救援鲁、卫两国。郤克认为这是城濮之战中

釐伯鬲。春秋前期饪食器。

晋国的兵车数量，当时有先君的明察和先大夫的敏捷，所以得胜，而我和先大夫相比，还不足以做他们的仆人，因此，请允许派八百辆战车。晋景公答应。晋军由郤克率领中军，士燮辅佐上军，栾书率领下军，韩厥做司马，出发援救鲁、卫。鲁国的臧孙许为向导开路，季文子率领鲁军和晋军会合。这时候，齐军伐鲁、胜卫，正凯旋而归。晋师追踪而至，在莘（今山东莘县北）地追赶上齐军。

周定王十八年（前589）六月十六日，援救鲁卫、追赶齐军的晋国军队到达靡笄山（今山东济南千佛山）下。齐顷公派使者向郤克请战说，您带领国君部队光临敝邑，敝国士兵人数很少，请在明天早晨相见。郤克回答说，晋和鲁、卫是兄弟国家，他们告诉我们，大国不分早晚都在敝邑土地上发泄气愤，寡君不忍，所以派下臣前来向大国请求，同时又不让我军长久留在贵国。因此，我们只能前进而不能后退，您的命令我们会照办的。齐顷公则高傲地表示，无论晋是否同意，都必有一战。齐国高固单车挑战，进入晋国军队，拿石头投人，把晋军士兵抓住，然后坐上战车回到齐军，在齐军营地耀武扬威、鼓舞士气。

六月十七日，晋、齐两军在鞍（今山东济南市西）摆开阵势，鞍之战爆发，邴夏为齐顷公驾车，逢丑父为车右。晋国解张为郤克驾车，郑丘缓为车左。齐顷公轻蔑地说，我姑且消灭这些敌人再吃早饭！齐顷公战车马不披甲，驰向晋军，齐军遂冲杀过去。晋军主将郤克为箭所伤，血流到鞋上，但他却使军中鼓声不断。驾车手解张一边激励郤克，一边左手握缰策马、右手握槌击鼓。战马飞奔向前，全军将士也随着冲锋陷阵。齐军大败，晋军乘胜追击。晋军司马韩厥站在战车中央驾车，与车左、车右一起追赶齐顷公。顷公御者邴夏欲射杀韩厥，顷公以之为君子而不许，于是只杀死了车左和车右。韩厥躬身稳车，顷公乘机逃逸，并与车右逢丑父互换了位置。后齐顷公之战马被绊，车右逢丑父受伤，再度被韩厥追上。逢丑父命齐顷公取水，公得坐上郑周父驾御的副车逃归，而逢丑父则被韩厥误认为齐君而俘虏。

追赶齐军的晋国军队，从丘舆（今山东益都县西南一直）进入齐国，攻

鸟兽龙纹浮雕(鸟兽龙纹壶)。此器原有双耳,残失。其器形虽属一般,而纹饰极精,全器浮雕纹饰,
自口至颈三道纹饰是人面鸟身的怪兽和龙相缠绕,末道纹饰是兽首啖食蟠曲的龙体,在每两道
纹饰之间还有虎食人、豕兽啖蛇和犀、豹等小动物,形态生动,腹下有伫立的雁群一周,昂首
曲颈,栩栩如生。

打丘舆附近的马陉。齐顷公派执政大臣国佐把齐灭纪所得到的国宝、玉馨和齐国所侵占鲁、卫两国的土地送给战胜诸国，以求媾和。晋人还要求把国母萧同叔子作为人质并使齐国境内田陇全部东向，这样才能媾和。国佐以为这一要求迥出常理，据理力争，并说："如果你不同意的话，我们就将收集残余力量决一死战。"在鲁、卫两国劝谏下，晋人答应了齐的请求。此年七月，晋军和齐国国佐在爰娄（今山东临淄西）结盟，齐把汶阳（今山东宁阳县北）之田归还给鲁国。鲁成公为表示感谢，特意赶到上鄍（今山东阳谷县境）会见晋军，把车辂和三命的车服赐给晋军的三位高级将领—郤克、士燮、栾书，晋军的司马、司空、舆帅、侯正、亚族等一般将领都赐给以一命的车服。

爰娄之盟，使晋国力量立益壮大，而齐国则成为须年年朝觐的小国。次年（前588）十二月，齐顷公到晋国行朝聘礼。将行授玉礼，郤克即恶语相向，图报他出使齐国时齐顷公之母戏笑其跛足之怨，幸得晋将韩—席好话缓和了紧张气氛。

春秋

584B.C. 周简王二年

秋，楚攻郑，晋以鲁、齐、宋、卫、曹、莒、邾、杞之师救郑。八月，诸侯盟于马陵。

晋遣巫臣使吴，教吴乘车战阵之法，教吴叛楚，吴始通于中原诸国。

583B.C. 周简王三年

夏，晋侯杀其大夫赵同、赵括，晋政日紊。

581B.C. 周简王五年

五月，晋侯率齐侯、鲁侯、宋公、卫侯、曹伯伐郑。

580B.C. 周简王六年

冬，华元赴楚，又赴晋，欲晋、楚合好。

579B.C. 周简王七年

宋华元奔走晋、楚和好成功。

578B.C. 周简王八年

五月，晋侯会鲁侯、齐侯（左梁传无齐侯）、宋公、卫侯、郑伯、曹伯、邾人、滕人攻秦。败秦师于麻隧。

576B.C. 周简王十年

十一月，晋士燮率鲁、齐、宋、卫、郑、邾之大夫，与吴人会于钟离，吴开始参加中原诸侯的盟会。

575B.C. 周简王十一年

晋栾书率师与楚人、郑人战于鄢陵，楚师、郑师败绩，晋霸业复兴。

楚共王十六年，鄢陵（今河南鄢陵西北）之战前，楚善射者养由基与潘党试射，能百步穿杨，百发百中，力透七层皮革。

573B.C. 周简王十三年

晋栾书杀其君厉公，立襄公孙周，是为悼公。

571B.C. 周灵王元年

据是年《左传》，春秋时已在道路两侧植树，起到既养路又表道的作用。

582B.C.

希腊科林斯城邦成为共和国。希腊举行第一次庇提阿斯赛会。比赛会亦每隔四年举行一次。

580B.C.

希腊哲学家毕达哥拉斯生（前580～前500）。

据说毕达哥拉斯在音乐中采用八音度。希腊引进莎草纸的首次记载。

百家争鸣时期

晋栾书救郑伐蔡

　　周简王元年（前585）秋，楚公子重率军伐郑。冬，晋国栾书率军救郑，与楚军在绕角（今河南鲁山县东南）相遇，楚军退还。晋军遂入侵蔡国。楚公子申、公子成率领申地、息地军队救蔡。晋、楚两军在桑隧（今河南确山县东）对峙。晋赵同、赵括想要出战，向栾书请求，栾书打算答应。知庄子、范文子和韩献子进谏说，我们来救援郑国，楚军返归之后，我们就来到这里，这是把杀戮搬到别人头上。没完没了的杀戮，定会激怒楚军，我们作战一定不能得胜，即使得胜，也不是好事。我们整顿军队出国，仅仅打败楚国两个县之军，有什么光荣？如果不能打败他们，受到的是莫大的耻辱。所以不如回去。当时晋国将领大多要求作战。有人对栾

栾书缶铭文

书说，圣人的愿望和大众相同。您是执政大臣，应当斟酌百姓的意见办事。您的辅佐者十一个人，不想作战的仅仅三人，想作战的人可以说是多数，何不从多数呢？栾书认为，决断事情时，两者同样是吉祥善良的情况下，才听从多数。吉祥善良是大众主张，现在有三位大臣主张，可以说是大众，依从他们的意见也不错，于是下令撤军回国。

栾书缶。栾书是晋国的大夫，曾杀晋厉公，另立晋悼公。"栾书缶"是栾书祭祀祖先时盛酒的用器，器身及盖各有四环纽，纽作斜角云纹。自颈、肩及于上腹有错金铭文5行40字，盖内铸铭两行八字。错金相嵌铭文，始于春秋中期。错金铭文多见于戈、矛、剑等兵器，铭文往往数字。像"栾书缶"这样长篇错金铭文，十分罕见。也是传世最早的错金铭文铜器（或以此器为战国器）。"栾书缶"铭文十分精美，铭文刻于器物的显著位置上，具有装饰作用。文字异体较多，字呈纵势，线条圆润婉转，显得婀娜多姿。

吴国兴起

　　吴国，传说为周文王伯父太伯、仲雍奔荆蛮创建。周武王封其后裔周章为吴君，立国于长江下游一带。

　　周简王二年（前584年）春，吴国出兵伐郯（今山东郯城县西南）国，郯与吴媾和，表示服于吴。吴国军事上的逐渐强大，与晋使巫臣出使吴国，教导吴国军队操练战阵有关。

　　巫臣和楚国的子重、子反积怨甚深。周定王十二年（前595），楚国攻宋国，获胜返归后，子重请求取得申（今河南南阳）、吕（今河南南阳西）的部分土地作为赏赐，楚王答应，申公巫臣谏阻说："这是申、吕两地所赖以成为城邑的土地。楚国从这里征发兵赋，抵御北方。如果私人占取它，这就没有申邑和吕邑，晋、郑就会一直攻打汉水。"楚王遂未将申、吕的土地赏赐给子重。子反曾想娶夏姬，巫臣劝阻他，但自己却娶夏姬并带她逃到晋国。子反和子重对巫臣都很怨恨。

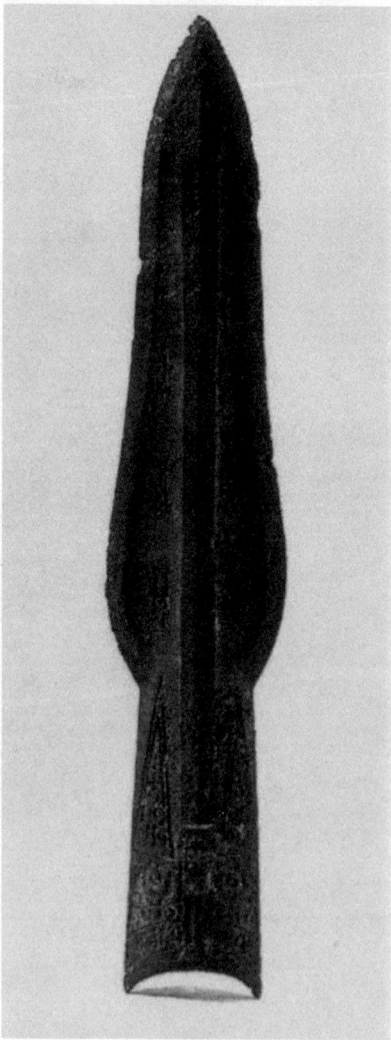

春秋时期吴王夫差青铜矛

等到楚共王于周定王十七年（前590）继位后，子反、子重杀掉巫臣的族人，并瓜分他们的财产。巫臣从晋国写信给子反、子重说："你们用邪恶贪婪事奉国君，杀死很多无辜的人，我一定让你们疲于奔命而死！"周简王二年（前584），巫臣请求出使吴国，晋景公同意。他到吴国，很受吴子寿梦赏识。于是，在巫臣连络下，吴晋两国通好。巫臣去吴国时，带楚国三十辆战车到吴国做教练，并留下十五辆。还送给吴国以射手和御者，教吴人使用战车。巫臣派人教吴国军队练习战阵，又把自己的儿子狐庸留下，让他在吴国做外交官。于是吴国在晋唆使下攻打楚国，以及附楚的巢、徐等国。子重、子反在一年之间七次奉命奔驰以抵御吴军，果然疲于奔命。

吴地盛产优质铜锡，冶炼技术精良，所造兵器驰名天下，遂步发展为军事强国。

吴国开始与中原来往，在春秋时期扮演一个重要的角色。

吴国改造铜矛

由商代的阔叶铜矛演变为战国的窄叶铜矛是中国兵器发展的重要一环，矛头的窄瘦锐利大大提高了矛的杀伤力，使其效力倍增。战国定型的窄叶铜矛在西汉改为同钢铁制造，并发展出槊、枪等变体，成为中国冷兵器时代最主要的单兵格斗武器。

智君子鉴

　　春秋时期晋国器物，河南辉县出土，共二器，铭文一行六字。器高22.2厘米，宽51.5厘米，口径43.5厘米，底径23厘米。铭文为："智君子之弄鉴。"意为智君子珍爱的大盆。鉴，在古代又用作在月下承露取水的器具。

　　智氏始见于《史记·晋世家》景公三年，时当前597年；《晋世家》又载："悼公元年正月庚申，栾书、中行偃弑厉公，葬之以一乘车。厉公囚六日死，死十日庚午，智䓨迎公子周来，至绛，刑鸡与大夫盟而立之，是为悼公。"其时为前573年。智氏之灭在前453年，《史记·周本纪》："定王十六年，三晋灭智伯，分有其地。"《六国年表》司马贞《索隐》云："三卿（叛）[败]智伯晋阳，分其地，始有三晋也。"其后晋大夫智开、智宽先后率邑人奔秦。年代约在前573～前453年之间。

　　智氏与韩、赵等同是活跃于春秋时代晋国的大夫家族，对于晋国及中原的政治有极大的影响。智君子鉴是智氏家族的遗物。

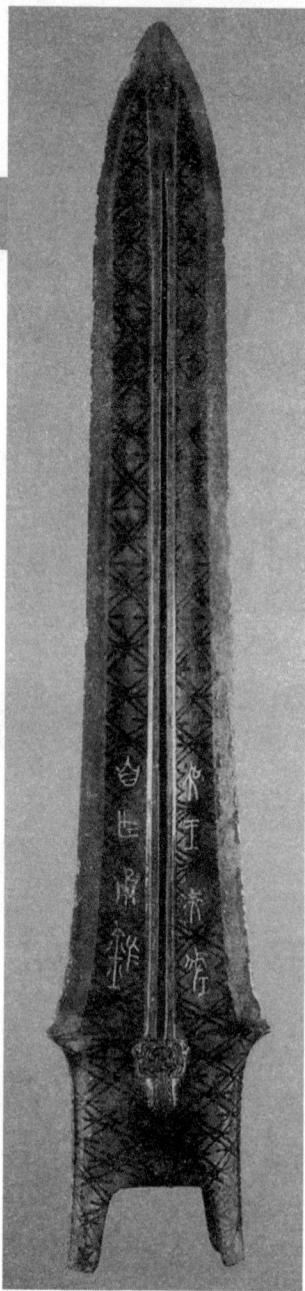

战国时期定型的矛头

晋灭赵氏·晋景公立赵氏孤儿

　　周定王二十一年（前586），晋赵婴因和侄媳、赵朔的妻子赵庄姬私通，对驱逐赵婴的赵同、赵括怀恨在心，于是在晋景公面前进行谮言，诬陷他们造反作乱，并让栾氏、郤氏的人作证。周简王三年（前583）六月，晋国诛杀赵同、赵括，并将赵氏之族全部杀戮。当时，赵朔之子赵武由于随母亲赵庄姬在宫中长大而免于难。晋国灭掉赵氏家族后，把赵氏田地赏赐给祁奚。韩厥对晋景公说："赵氏对晋国立有大功，以赵衰的勋劳、赵盾的忠

齐侯子行匜

诚，他们却在晋国绝了后嗣，做善事的人都会寒心害怕。三代的贤明君王，都能够几百年间保持上天的禄位，难道其间就没有邪恶的君主？这是靠着他祖先的贤明才免于亡国。"韩厥认为不应当让赵氏在晋国灭绝。于是，晋景公立赵武为赵氏继承人，并将赵氏田地都还给他。

晋景公病入膏肓

　　周简王五年（前 581 年），晋景公梦见一大鬼，披散的长发拖到地上。大鬼捶胸跳跃说："你杀了我的子孙，这是不义。我的请求已被天帝允许！"于是，大鬼毁掉宫门和寝门而入。晋景公害怕，躲进内室，大鬼又毁掉内室之门。晋景公醒来，召见桑田（今河南灵宝县境）的巫人。巫人所说的和晋景公梦见一样。晋景公问吉凶，巫人认为晋景公吃不到新收的麦子，将在尝新麦之前死去。晋景公病重，到秦国请医生。秦桓公派医缓给晋景公治病。医缓还没有到达，晋景公又梦见疾病变成两个小孩。一个说："医缓是个医术高强的医生，恐怕会伤害我们，往哪儿逃好？"另一个说："我们呆在肓的上边，膏的下边，就拿我们没有办法。"医缓赶到诊断后，认为病入膏肓，已经不能医治。砭石不能用，针刺够不着，药物力量也达不到，无法医治。晋景公赞扬医缓的诊断完全正确，并馈送给他厚礼，让他回去。此年六月初六，晋景公想吃麦子，召见桑田巫人，把煮好的新麦给他看，然后杀了他。将要进食，晋景公肚子发胀，上厕所，跌进粪坑死去。

　　当时的诊断的确已达到一定水准，但医术还跟不上。

首次弭兵大会

周简王七年（前579）五月，楚晋结盟于宋。

周定王十八年（前589），楚国约集齐、秦等8国诸侯盟于蜀（今山东泰安附近）。周定王二十一年（前586），晋国也约集齐、鲁等8国诸侯盟于虫牢（河南封丘北）。晋、楚处于势均力敌的局面。

晋国为了打击楚国，派楚之臣申公巫臣去吴国扶助吴人，吴国强大之后，连番伐楚。楚国在吴牵制之下，力量大为削弱。

与此同时，晋国由于卿族势力强大，频频发生内乱，而秦国和白狄也联兵攻晋。南有强楚，西有秦、狄，使晋国处于两面受敌之局。

此种情况，使得晋、楚皆有谋和之意。后经宋使华元奔走斡旋，终于促成楚、晋召开首次弭兵之会。

本年夏，晋士燮与楚公子罢、许偃盟于宋西门之外，盟曰：楚、晋两国不再交兵，好恶同之，国恤灾危，备救凶患。晋楚已经结盟，卫、鲁、郑之君赴晋受命。

但结盟却不能持久，周简王十年（前576），楚国先背弃晋、楚之盟约，侵略郑国，兵至暴隧（今河南原阳西）。又伐卫国，打到首止（今睢县东）。郑国子罕率兵袭击楚国，夺取新石（楚邑，今河南叶县境）。

周简王十一年（前575），郑背叛晋国，郑子驷与楚君盟于武城。郑背晋与楚盟，晋怒，栾书认为不可失信于诸侯，于是发兵，晋厉公亲征。五月，渡黄河。郑国向楚告急，楚共王率军救援。晋范文子闻楚来救，劝厉公还。郤至却认为见强避之，无以令诸侯。于是晋楚战于鄢陵（今河南鄢陵西北），晋射中楚共王眼睛，楚兵败。楚将子反收余兵，安抚他们想再战。共王召子反，

子反使者竖阳谷进酒，子反醉，不能进见共王，共王怒，杀子反，楚兵失去将领，败归。晋由于鄢陵之捷威诸侯，欲霸天下。

晋文公、楚庄公之后，晋、楚争霸，历时长久，战争频繁，由于外扰内乱，双方都力量衰弱，不足以达到优势。至此已见倦意。

郲田之争

周简王六年（前580）秋，晋国郤至和周争夺郲田（今河南武陟县西南）。周简王命令卿士刘康公、单襄公到晋国控告郤至。郤至说："温地，过去就是我的封邑，郲田是温的别邑，属于温地，所以不敢丢失。"刘康公、单襄公说："从前周朝战胜商朝，让诸侯据有封地。苏

鸟尊。春秋前期容酒器。器作立鸟形，尖喙如鹰，双目圆睁，体硕壮有力，双蹼足后部立一虎形支脚。喙可开合，为流口，鸟身容酒。通体饰细密的羽纹，造型纹饰极其考究。

忿生据有温地，做了司寇，和檀伯达封在苏河边上。苏氏投奔狄人，与狄人处不来而逃奔卫国。周襄王为慰劳文公而赐给他温地。狐氏、阳氏先住在这里，然后才轮到您。如果要追查过去的情况，那么它是周天子属官的封邑，您怎

么能得到它？"于是晋厉公令郤至不要争夺鄇田。

这件事，反映了周王室已落到与大夫相争，听命于诸侯的地步。

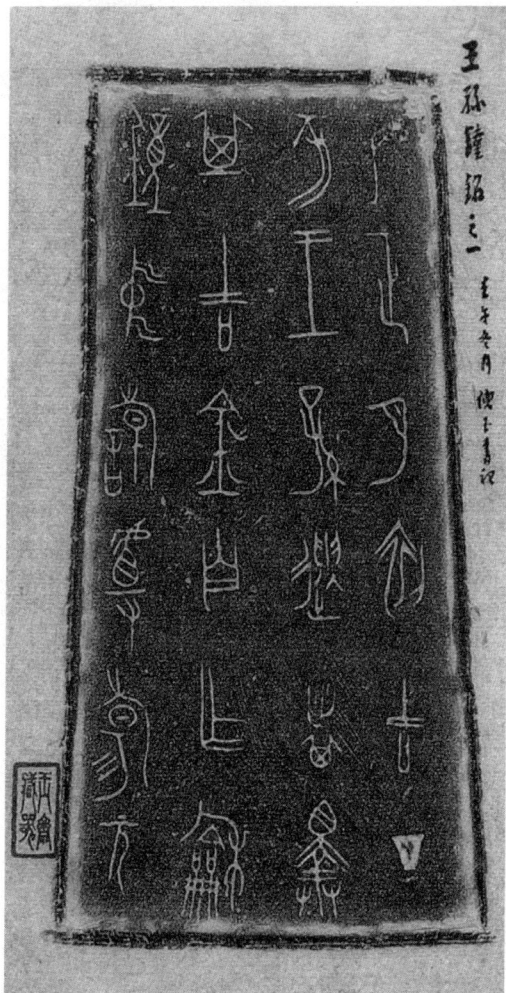

春秋王孙遗者钟铭文。据《商周彝器通考》一书所云，该钟出于"湖北宜都"。长1尺5分，甬长6寸6分。凹口有甬把（上端略残缺）。有干与旋。两侧各有十八个钟枚。篆间、隧部、舞与甬上，均饰蟠螭纹。钲部与鼓部铸铭19行，116字。铭文中之"遗者"即《礼记·檀弓》内的徐国"容居"。铭文书体与沇儿钟如出一人之手笔，笔画细长，柔美大方，有着特殊的意趣，别具一格。王孙遗者钟铭文对研究徐国历史和书法艺术的特点，都有着重要价值。

秦公簋

秦国在春秋早期忙于巩固自己，无暇东顾，与东方各诸侯国交往不多。因此，秦国青铜器早期虽然也继承西周的风格，但由于长期独立发展，形成了自己的一套风格。其春秋时的代表有陕西宝鸡太公庙的秦公钟、镈，其中秦公钟是春秋早期秦的标准器；以及甘肃天水的秦公簋。

秦公簋。纹饰和字体都已具有秦国的典型风格。

秦公簋盖有捉手，面饰瓦纹，缘以细密的勾连纹。器侧为饰兽首的耳，无垂珥。口沿下饰勾连纹带，腹为瓦纹。圈足饰波带纹。铭文计123字，另有刻款18字。

秦公簋与秦公钟、镈铭文接近，具有秦国的典型风格。铭文字体，继承西周晚期的虢季子白盘，成为独特的传统。

秦公簋铭文。簋盖及器身均作细小蟠螭纹，双耳上作兽首。盖 54 字，器身 51 字，共 105 字，字体与石鼓文颇相近，另外器盖均有秦汉间后刻铭文各 8 字，故知此簋在秦汉时曾被当作容器使用。并知其为西汉官物。此簋为秦景公时器，铭文每段字均由印模打就成。制作方法新颖，在古代青铜器中为仅见之例。开创了早期活字模之先河，故为重要。其铭文记载秦国建都在华夏地方，已继续了十二代，威名大震，秦景公继承其祖先功德，抚育万民，又有很好的武士和文臣，使自己永远保有四方。乃为其祖先歌功颂德，愿继续巩固其政治统治所作之器。

西周金文，字体一般均衡，笔划雄浑而端正，笔法整齐而凝重。自周室东迁之后，诸侯代之而兴，由诸侯彝器取代王室彝器的地位，可看出当时王室衰落的情形。这个时期的金文常有韵脚，字体优美，较诸西周文字，字体稍短而多变化。

鄢陵大战

　　周简王十一年（前575)春，郑国叛晋附楚。夏，晋厉公怒，栾书认为不可使晋国失去在诸侯的霸主地位，必须攻打郑国，于是发兵，厉公亲身率军。郑闻晋军前来讨伐，便派人求救于楚。楚共王率军救郑。五月，晋军渡过黄河，晋、楚两军遇于鄢陵（今河南鄢陵县北）。楚军在早晨逼近晋军，摆开阵势，晋国军吏有些担心。这时，从楚奔晋的苗贲皇也把楚军情况报

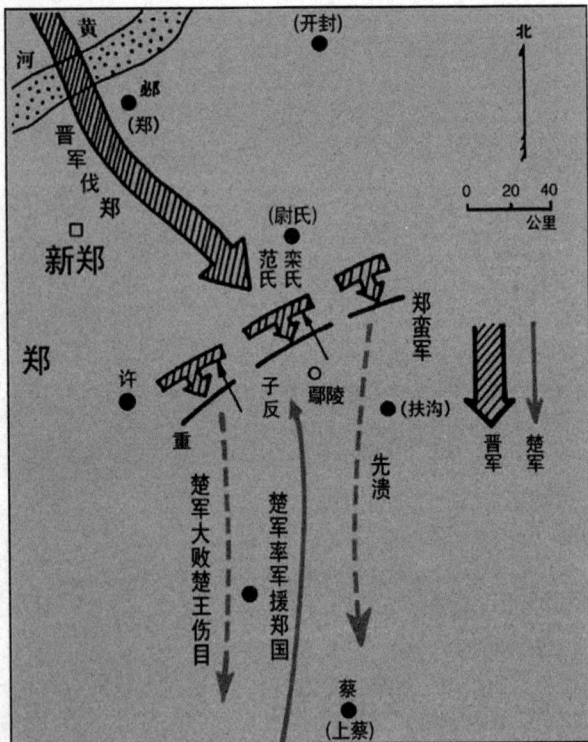

鄢陵之战作战经过示意图

告给晋厉公，让晋厉公命令晋军把精兵分开去攻击楚的左、右军，然后三军联合进攻楚中军王卒。晋楚两军交战时，晋国吕锜射中楚共王眼睛。楚军被困在险阻之地，公子筏也被晋俘获。战斗自晨至暮，楚将子反命令军吏观察伤情，修理武器，准备再战。楚共王找子反议事，子反醉而不能见，楚共王

乘黑夜逃走。楚军退到瑕地时，子反自杀，楚军败归。作战之日，齐国国佐高无咎才到军中，卫献公才从卫国出发，鲁成公才离开坏隤（今山东曲阜境），他们对鄢陵之战都持观望态度。鄢陵之捷，使晋厉公扬威于诸侯，欲霸天下。

晋悼公立·晋复强

晋厉公多姬妾，鄢陵（今河南鄢陵西北）之战后，欲尽去诸大夫而立诸姬妾兄弟。周简王十三年（前573），厉公游于匠骊氏晋大夫，栾书、中行偃率其党捕厉公，囚杀之。并至周迎公子周。公子周至绛，夺鸡与大夫盟而立之，是为晋悼公。

晋悼公继位后，立志复兴晋国。他任命百官，赐舍并免除百姓对国君的积见，起用被废黜和长居下位的贤良，救济贫困，援助灾难，禁止邪恶，少征赋税，宽恕罪过，节约器用，照顾农村，周简王十六年（前570）晋悼公会合诸侯。晋悼公问群臣中谁可提拔重用，祁奚推荐自己的仇人解狐。但解狐恰好于此时去世，祁奚又推荐儿子祁午。晋悼公便任命祁午做中军尉，果然很称职。君子们听说这件事，都盛赞祁奚外举不避仇，内举不避亲。同年，晋悼公的弟弟杨干

智君子鉴铭文。鉴为晋国智氏家族遗物。

029

在鄢泽之会时不守纪律，扰乱军政的行列。魏绛执法无私，杀其御者以为惩戒。悼公愤怒，说我以会合诸侯为荣，现在你却侮辱我弟弟！要杀魏绛。经人劝谏，悼公没杀魏绛，反而提升他为新军副帅。周灵王三年（前569），晋国北部的山戎无终部落的君长嘉文遣使至晋，以求和好。悼公最初不愿应允，经魏绛向悼公陈述和戎之利后，悼公乃派魏绛与戎族诸部落盟誓和好。晋国和戎之后，得以腾出力量与楚争霸，终使郑国降服。周灵王十年（前562），郑国与晋结盟，献与晋国百辆兵乘和大批乐器、乐师。晋悼公追念魏绛和戎之功，便将郑国所献乐队之半奖之。由于晋悼公注意选拔贤能之人，使晋国很快强盛，恢复霸业。周灵王四年（前568）晋悼公率鲁、宋、郑、卫等12国诸侯及齐太子光，与吴王寿梦会盟于戚（今河南濮阳北），商议如何御楚。周灵王七年（前565），晋悼公召集鲁、郑、齐、宋、卫、邾等国在邢丘（今河南温县东）相会，晋国提出朝聘的财礼数字，让诸侯国大夫听命。郑简公亲自听命，并且在会上奉献伐蔡所得俘虏。至此，晋国可说是恢复晋文公霸业，威震诸侯。

春秋

565B.C. 周灵王七年

晋悼公会诸侯之大夫于邢丘，规定诸侯朝聘数目，恢复文襄霸业。

562B.C. 周灵王十年

正月，鲁作三军。鲁三家三分公室，各有其一。

560B.C. 周灵王十二年

晋侯于县上治兵，使荀偃将中军，赵武将上军，栾黡将下军。

557B.C. 周灵王十五年

晋平公宴诸侯于温（今河南温县西南）。春秋时诸侯盟会，大夫往还多以"诗志"，此其一例。
晏婴服父丧，春秋时已用麻索挽灵柩，这些丧仪为后代所承袭。

555B.C. 周灵王十七年

齐长城始筑于是年，又称"长城钜防"。

554B.C. 周灵王十八年

秋，子产为郑卿。

552B.C. 周灵王二十年

楚用天然冰于盛夏降温。

551B.C. 周灵王二十一年

孔子生。

550B.C. 周灵王二十二年

夏，晋栾盈复入于晋，自曲沃攻降，不克。冬，晋人杀栾盈，且尽灭栾氏之族。
齐庄公袭莒，齐大夫杞梁被俘死。其妻孟姜迎丧于郊。传曾哭夫十日，城崩，投水死。为孟姜
女故事之滥觞。

566B.C.

佛教的创始人释迦牟尼相传生于此年。

560B.C.

斯巴达约于是年大破提吉阿军，渐称霸于拉哥尼亚。伯罗奔尼撒同盟结成，以斯巴达为盟主。

约550B.C.

波斯王居鲁士战败米堤王亚斯提亚格，灭米堤国，并入波斯，波斯遂统一伊朗高原，建立帝国，
居鲁士被称为大帝。

印度开始列国时期。在此时，阿利安人已经征服印度全境。印度的两个长篇的叙事诗《摩诃婆罗多》
和《罗摩衍拿》，都出现于此时期的初年。

《伊索寓言》的作者伊索（原是一个弗里吉人奴隶），生活于此时。

希腊音乐的调式出现。

楚吴战于皋舟

周灵王十三年（前559）秋，楚、吴战于皋舟，楚师败。

周简王十年（前576），晋、齐、宋，卫、郑等国大夫会吴大夫于钟离（今安徽凤阳东），这

春秋时期吴国的大翼战船模型

是吴国首次参加中原诸侯的盟会。楚国此时已经深受吴国之威胁。吴、楚间之冲突渐趋激烈。

周灵王二年（前570），楚令尹子重率师伐吴，至衡山（今当涂东北横山）。另派楚将邓廖率偏师侵吴，遭吴师袭击，此支楚军大半被歼，邓廖也被俘。吴人乘胜伐楚，攻取楚国驾邑。

周灵王十二年（前560）楚共王病死。吴国乘机伐楚。楚派良将养由基为前锋，而派司马子庚率大军接应，双方战于庸浦（今安徽无为县南），吴师中伏，大败，公子党被俘。

本年秋，楚康王为报吴师乘丧伐楚之仇，派子囊率军伐吴。楚军驻扎在棠（今江苏六合县西）。吴军坚守不出，楚军于是返归，子囊殿后，他轻视

吴国而不加警戒。吴人从皋舟的险道对楚军拦腰截击。楚人不能彼此救应，因而被打败，公子宜各被俘。

左传首次记载星岁纪年法

周灵王八年（前564），《左传》有"一星终也"语。星指岁星，即今木星。岁星问题之确定在战国时代。

当时已划周天为星纪、玄枵、娵訾、降娄、大梁、实沉、鹑首、鹑火、鹑尾、寿星、大火、析木等十二次，以为木星一年行一次，十二年满一周天。故称十二年为"一星终"，并用以纪年，与今测木星绕周天（即公转周期）数值11.86年相近。

星岁纪年法表明当时对岁星、天空、赤道带都已有高度认识，应该说，春秋时代已由观测天文现象转向度量天文学，比起商代是一大突破。

鲁作三军

周灵王十年（前562），鲁国季武子打算编定三个军。三军由三桓，即季孙氏、叔孙氏、孟孙氏每家各管一军。此年正月，鲁编定三军，把公室军队一分为三，三桓每家各掌握一军。三家各自把原有车兵并入。季孙氏让私邑战士自愿选择。参加军队者免征赋税，不参加者加倍征税。孟孙氏让私邑战士中的一半加入军队，叔孙氏把私邑战士全部编入军队。

洹子孟姜壶

又名齐侯壶、齐侯女壶、齐侯女龗壶、齐侯中龗、齐侯龗、陈桓子钘。传世共二器。

此器铭 19 行 143 字，二器原藏上海博物馆，其中一器后征调于中国历史博物馆。两器铭文基本相同，一器末段"洹子孟姜丧"至"用御天子之事"重复两遍，衍文 29 字，全篇 19 行 167 字。

铭文大意是：齐庄公之女、洹子之妻孟姜丧亲属，齐庄公命令太子乘车来告于礼官，以听命于天子。天子说："居丧期间，齐庄公可穿丧服，我不命之以王事。"

齐庄公拜谢天子之恩，以璧一和玉一笥祭上天子，以璧和两壶、八鼎祭大司誓与大司命，以璧二斑、玉二笥和鼓钟一肆祭南宫子。齐庄公既为洹子孟姜家丧持服，全国人民也深为悲痛，歌舞娱乐皆歇。遂铸此铜礼器，以效天子之事。洹子孟姜还用此礼器福寿双全。

文中齐侯即齐庄公，其女名孟姜，嫁给著名的田桓子，《史记》说"田桓子无宇有力，事齐庄公，甚有宠"。铭文所记齐侯为洹子孟姜持服一事，充分说明了田桓子的得宠，也显示了当时的礼仪。

洹子孟姜壶，春秋后期容酒器，圆体，长颈，圈足。颈部两侧有兽环耳。颈与腹饰波曲纹。

洹子孟姜壶铭文

季札让国·诸樊立于吴

　　周灵王十一年（前561）吴王寿梦卒。寿梦有子四人，长曰诸樊，次曰余祭，三曰余昧，四曰季札。季札贤能，寿梦有意立他为王，季札说不可以，于是立长子诸樊。诸樊服丧期满，让位于季札，季札推辞。吴人还是坚决要立季札为王，季札于是离家而过隐耕生活，吴人才罢休。诸樊在位十三年卒（前548），临死前授位给二弟余祭，想通过兄弟相传，最后传位给季札。余祭封季札延陵，号延陵季子。余祭在位十七年卒（前531），立三弟余昧为王，余昧立四年卒（前527），意把王位传授季札。季札礼让，又逃走。吴人于是说：先王有命，兄死弟代以传位给子，现在季札逃走了，就应该传位给余昧之后，他儿子理当得位，于是立了余昧儿子僚为王。

孔丘诞生

周灵王二十一年（前551），孔子生于鲁昌平乡陬邑（在今山东曲阜东南）。其先世为宋贵族，到了孔防叔那代，因华氏之逼，自宋逃奔到鲁国。孔子父亲叔梁纥与母亲颜氏在尼丘祈祷，野合而生孔子，生而头上圩顶（中低而周高），故名曰丘，字仲尼。

春秋以来，王室衰微，政治无主，传统文化渐已不能支配人心，旧制度崩溃，等级制解体，人身依附关系解除，经济上，齐国工商业、鲁国地主、农民为代表的新生产形式形成，为文明的创造提供了社会基础。师旷的

鲁大司徒厚氏铺，春秋中期盛食器。有盖，直口平底，浅盘，高圈足。盖顶作外敞镂孔莲瓣形装饰。通体饰窃曲纹。盖器同铭，各铸二十五字，记此铺为鲁国大司徒厚氏元所作。

出现，子产在郑国走上政治舞台，老子、孔子的出生，标志着中国春秋时代已从混乱的军事征战走上建设性文明创造。

孔子的出现正可说是时代的象征。他将以同族结合为基础的礼乐转换为较具普遍社会性的礼乐——社会制度。进而提出"仁"作为礼乐实现之目标。"仁"一方面是指个人的人格，个人人格没有贫富贵贱之别。另一方面则指人际关系，人际关系以彼此承认对方的人格为要。要实现"仁"，必须靠教育和教养；而礼乐则是实现"仁"的手段，因此要从礼乐的学习与研究着手。以往，礼乐只是贵族教养与学习的课目和贵族外交的手段。孔子反对教育成为贵族的专利品，认为应该将礼乐等教育普及于一般人。因此，孔子以身作则，从事教育工作，所收学生不限阶级，诚可谓"有教无类"，其精神则是可佩的。

王子午鼎

河南淅川下寺出土的王子午鼎是春秋中期器物。作器者为楚令尹王子午（字子庚）。此鼎纹饰极其华美，多用浮雕、立雕技法，是当时楚器的新风尚。

器铭14行，共84字，盖上另有铭文4字。这体现了春秋中期，南方青铜器文字开始装饰化。

青铜器上的铭文或称金文、钟鼎文。与后来的籀文、小篆属于同一文字体系，为篆书之源。青铜器铭文是在铸造器物过程刻写、铸造出来的，具有一种特有的浑厚、凝重的审美效果。

从书法艺术角度看，这一时期的青铜器铭文表现出两种相反的艺术倾向：一方面是比以往更加注重用笔的轻重、起落变化和结体的避就、衬托呼应，表现了书法艺术的进一步成熟；而另一方面则是过分地追求装饰性，出现了鸟虫篆、蝌蚪书，发展成为美术字。

鸟虫篆流行于楚、吴、越等地区，如（吴）王子于戈铭、楚王酓璋戈铭等，笔划缪屈增繁，局部作鸟的形态。楚王酓肯盘笔划细长，起住笔和转折处增肥如滴水之形，后世称之为"蚊脚书"。王子午鼎铭就是这类铭文中极端的例子，求奇务变，终至流于怪诞。

鸟虫篆之类的美术字体作为器物的装饰在书法艺术上没有得到后人的首肯，被视为旁门左道。

王子午鼎，春秋中期饪食器。侈口，束腰，平底，三蹄足。口两侧斜出双立耳。盖凸，中有环形钮，钮外区有窃曲纹两周，上置铜匕一件。口沿旁攀附构形复杂的龙，器身满饰半浮雕夔龙纹、窃曲纹和云纹。此鼎形体雄伟，装饰华美，多用浮雕、立雕等技法，又有长篇铭文表现了当时楚器的新风尚，为楚国重器之一。

晋悼公恢复霸业

周灵王七年（前565）五月，晋悼公为继续晋文公的霸业，召集鲁、郑、齐、宋、卫、邾等国在邢丘（今河南温县东）相会，晋国提出朝聘的财礼数字，让诸侯国大夫听命。郑简公亲自听取命令，而且奉献伐蔡所得的俘虏。

春秋兴盛赋诗

周灵王十五年（前557）晋平公宴诸侯于温（今河南温县西南）。使各国大夫歌舞，要求"歌诗必类"（歌诗与舞蹈相配）。齐大夫高厚不类。晋荀偃谓其有异志，高厚逃回去齐国。春秋时诸侯盟会、大夫往还多以"诗言志"，此其一例。

春秋时盛行赋诗，指在社交场合吟诵《诗经》，"诗言志"不是指作诗言志，而是朗诵《诗经》言志，这表明当时文学艺术还未进入创作阶段，人们的兴趣还在于引诵古诗。

荆篱编钟，春秋乐器。共十三枚，为一编。扁平钮，各附一兽首辖。通体饰细密蟠螭纹。此编钟可能早于曾侯乙编钟，实测音频证明春秋时期楚国青铜钟的铸造已相当进步。

荆篱钟

1957年河南省信阳长台关一号墓出土，共出 13 枚编钟。最大钟铭 8 行 12 字。铭文未全，不是原来的一肆。高 30.2 厘米、舞纵 15.2 厘米、舞横 11.4 厘米、鼓间 12.9 厘米、铣间 17 厘米。

铭文记楚历十一月，晋人救戎蛮于楚国之地。可能就是《左传》昭王二十五年，楚国欲灭戎蛮，晋人前去营救之史事。也有学者认为这是件战国中期的器物。

在这段铭文中，楚文化的风格已经很成熟，铭文字体已接近战国楚文字，楚代月名的使用也开始出现。

荆篱编钟。春秋乐器。

550 ~ 540B.C.

春秋

549B.C. 周灵王二十三年

晋范宣子为政。诸侯之币重，二月，郑子产诤之，乃轻诸侯之币。

548B.C. 周灵王二十四年

齐景公立，任崔杼为右相，庆封为左相。以"相"为官始此。

据《墨子》，齐庄公时有理国，中里徼诉讼三年不能决断。乃使两人共一羊，盟于齐之神社。始有用羊决狱的习俗，称为"神断"。

五月，齐崔杼杀其君庄公，立庄公弟杵臼。齐太史书之。

《左传》载"弈者举棋不定，不胜其耦（结方为耦）"之语，据传即为围棋。

546B.C. 周灵王二十六年

宋向戎善于晋卿赵文子，又善于楚今尹子木，欲弭诸侯之兵。

544B.C. 周景王元年

楚人是年以桃柄帚祛鬼；又据《庄子》，有插桃枝于户，童子不畏而鬼畏之，表明桃木避灾的民俗始自先秦。

《左传》有"玺书追而与之"语。印玺封泥前此当已出现。

吴馀祭四年，季札（吴王寿梦第四子）聘鲁、齐、郑、卫等国，在鲁观周乐，季札对诸乐舞皆有评论。

543B.C. 周景王二年

郑以子产为执政。

542B.C. 周景王三年

郑人游于乡校以论执政。是年，然明请毁乡校，子产反对。

541B.C. 周景王四年

晋平公病，秦名医和认为不可治。和提出阴、阳、风、雨、晦、明失和致病说，为后世（风、寒、暑、湿、燥、火）病因学说之始。

秦后子出奔晋，"晋侯，造舟于河"。船上铺板的临时性浮桥始见记载。

545B.C.

米利都的泰勒斯逝世；他得知磁石吸引铁以及琥珀磨擦之后也产生磁性；"泰勒斯定理"（圆形直径上的三角形成直角）是西方数学最古老的理论。

西方天文学首次预报日食（由米利都的泰勒斯预报）。

540B.C.

哲学家赫拉克利特约于此年生于爱非斯地方（约前540～前480）。

耶路撒冷圣殿建成。

崔杼杀齐庄公·齐太史直笔

周灵王二十四年（前548）春，齐崔杼率军伐鲁，以报复去年孟孝伯对齐的讨伐。鲁襄公忧虑此事，但鲁大夫孟公绰说，崔杼将要有大志，其目的不在于困扰鲁国。他一定会很快回去，所以不必担心。不久，崔杼果然很快撤军。原来，齐庄公与崔杼所娶的棠姜私通，崔杼很恨齐庄公；又因齐庄公率军进攻晋国，所以崔杼想弑杀齐庄公以讨好晋。齐庄公的侍人贾举无端被齐庄公鞭打，于是就为崔杼寻找杀机。五月十六日，齐庄公在城北设宴招待莒君，崔杼推说有病，不去赴宴。次日，齐庄公到崔家问候崔杼，乘机又与棠姜混在一起。崔杼和贾举率领武士一拥而上，齐庄公登高台请求免于一死，崔杼不答应。请求结盟，也不答应。请求在太庙里自杀，也不答应。齐庄公跳墙，被人用箭射中大腿而落地，旋被杀死。五月二十九日，齐庄公被葬于士孙之里。

崔杼弑齐庄公后，五月十九日，崔杼立齐庄公同父异母弟为君，即齐景公。崔杼为齐景公的辅相，执掌朝政，庆封为左相。他们在太公宗庙里和国人结盟，要人们都亲附崔氏、庆氏。

崔杼杀了齐庄公，齐太史记载崔杼弑其君。崔杼知道后杀掉太史。太史之弟接着这样写，也被杀。另一弟仍然这样写，又被杀。

又有一弟还这样写，崔杼就由他去了。南史氏听说太史都死了，拿着照样写好的竹简前去，听到已如实记载，这才回去。史官们如实记录历史之精神，令人敬佩！周灵王二十六年（前546），崔杼自杀，庆封执政。次年，庆封出逃。周灵王二十七年（前545）冬，齐景公求取崔杼尸体，打算戮尸而找不到。叔孙穆子认为一定能找到。周武王有十个治世之臣，崔杼难道能有吗？不到十个忠臣，就不会埋葬，没有埋葬，就会找到尸体。不久，找到了崔杼的尸体。
十二月一日，把崔杼的尸体暴露于市示众。

齐国殉马坑。山东淄博齐国墓葬中的大型殉马坑，共发现殉马 145 匹，据研究多为战马，这
反映了当时齐国国力的强盛。

吴国名姓具有独特特点

1985 年 8 月在山西榆社县出土一柄剑。剑身有刻铭二十四字，分成两行。剑身刻铭是：

工虞王姑发闾作次（？）子子□

虞，后巳（祀）厥石全，以曰其元用铨（剑）。在这里出现了只讨论吴王的名姓，显示了这枚剑铭中方言的特征。

"工虞"，即勾吴。只是在吴国青铜器中，国名的写法变化颇多。有作"攻吾"（《攻吴王夫差鉴》）、"攻敔"（《攻敔王光戈》）、"工虞"（《者减钟》）等等，例子很多。据学者研究，不同写法能反映时代的差别。大抵，吴国国名在诸樊即位以前作"工虞"，诸樊时间开始作"攻敔"，阖闾时始出现作"攻吴"、"吴"，最后省称为吴。

这柄剑是诸樊为王后所铸，铸剑时代当在前 560 年至 548 年之间，但国名依然作"工虞"。字从虍鱼声，形体上可与《者减钟》和相印证，只是少了右旁的攴。

"姑发闾栍（樊）"，当是吴王诸樊。首先要了解的是吴越远离中原，人名称谓保留原始习惯，这本是吴越地区方言的特征。而史籍中记载的名，只是古汉语音简译后的结果。在东周金文材料中，这种例子并不罕见。譬如越王勾践时的大夫冯同，《越绝书》作"冯同"，《史记·越世家》、《韩非子·说疑》均作"逢同"，《吴越春秋》作"扶同"。但是在战国早期器《姑冯勾镥》上，"冯同"作"姑冯昏同"，也就是说这四字合起来，才是他的名字译音。准此之例，剑铭"姑发闾栍"当即文献的诸樊，诸樊乃截取剑铭首尾二字而成。

晏子哭庄公

周灵王二十四年（前 548），齐崔杼杀齐庄公及其嬖臣多人。晏子听到消息便站在崔氏门外，他的同僚说："您要为国君殉死吗？"晏子说："仅是我的国君吗？我为什么要殉死？"又问："您要逃走吗？"晏子说："是我的罪过吗？我为什么要逃亡？"又问："您回去吗？"晏子回答说："国君死了，回到哪儿去作为君主的臣下，难道是为他的俸禄？而是应当保养国家。如果君主为国家而死，臣下就应当为他而死，君主为国家而亡，臣下也应当为他而逃亡。如果君主为自己而死，为自己而逃亡，那么假若不是他个人宠爱的人，谁愿承担责任？而且别人有了君主反而杀死他，我哪能为他而死？哪能为他而逃亡？但是又能回到哪里去呢？"

崔氏家的大门打开，晏子进去，头枕在齐庄公尸体的大腿上号哭，站起之后往上跳了三次便走了。有人建议杀掉晏子，崔杼认为晏子是百姓所仰望的人，赦免他，可以得民心。晏子（？~前 500），齐国政治家。字平仲，夷维（今山东高密）人。其父死后，继任齐卿，历任灵公、庄公、景公三朝正卿，主政五十余年，身为齐相，食不重肉，穿不衣帛，以节俭力行显于齐。曾奉命出使晋国，与晋大夫叔向议论齐国政治，认为齐国危机四伏，终将为田氏所代替，具有敏锐的政治眼光。齐景公生病，他反对祈福禳灾，建议关心民事，改革政治。《晏子春秋》是记载晏子言行的书。该书采用史料和民间传说编纂而成，其中晏子劝告君主不要贪于逸乐，要任用贤能和虚心听取等统治经验，常为后世所取法。晏子本人恪守传统礼仪，生活节俭，也常为后世统治者所称道。书中许多情节生动描写了晏子的聪慧和机智，如"晏子使楚"等，曾在民间广为流传。书中通过总结政治经验，分析了"和"、"同"两个概念。晏子认为对君主随声附和即"同"，不足可取；只有敢于向君主提出建议，补其不足，也就是"和"，才是正确的。这一具有辩证法思想的论述在中国哲学史上也占有一定的地位。

二桃杀三士。自上而下，分别为洛阳西汉墓壁画、河南南阳画像石和山东嘉祥宋山画像石，地域不同，但表现的都是同一个内容。二桃杀三士的故事记载于《晏子春秋》。讲的是春秋时齐国景公时代公孙接、田开疆、古冶子三位勇士被相国晏婴设计诛杀的故事。中间一图中置一高足盘，盘中有两只桃子，三个人皆着武服佩剑，在盘左右并伸手取桃者当为公孙接和田开疆。右边怒目圆睁，拔剑奋起者当为古冶子，此幅画像以精妙的笔法表现了三位勇士即将引颈自刎的悲壮场面。

子产初露头角

周灵王二十三年（前549）二月，郑简公往晋国朝见。郑子产致信晋当权者。信中说："您治理晋国，四邻不听说有什么美德，而只听说贡品很重。我对此感到迷惑。

我听说君子领导国家和家族，不是担心没有财富，而是怕没有好名声。诸侯的财货聚集在国君家里，内部就会分裂。好名声是装载德行的车子；德行是国家和家族的基础。您是让人说您确实养活了我，还是说您榨取我来养活自己呢？大象因为有象牙而毁了自己，这是由于值钱的缘故。"

周灵王二十四年（前548），郑子展、子产率军伐陈获胜。子产到晋国奉献战利品，穿着军服处理各种事情。晋人问陈国何罪而被讨伐，子产回答说："前虞阏父做周朝的陶正，奉事我们先王。先王嘉奖他能制作器物，并且是虞舜后代，把大女儿太姬匹配给虞阏父之子胡公，封他在陈地。所以，陈国是周的后代，到今天还依靠着周。现在陈国忘记周的大德，倚仗楚国人多，进逼我敝邑，敝邑害怕被削弱而带给太姬以羞耻。幸而上天厌恶他们，启发敝邑产生了攻打陈国的念头。陈国知道自己的罪过，得到惩罚。因此我们敢于奉献战利品。"晋人又责问郑为什么进攻小国，子产回答说："按照先王的命令，只要罪过所在，就要分别给予惩罚。从前天子的土地是方千里，称为一圻，诸国土地方百里，称为一同，以此递降。现在大国的土地多至数圻，如果没有侵占小国，怎么能到这地步呢？"晋人又问子产为何穿军服，子产回答说："郑国的先君武公、庄公担任平王、桓王的卿士。城濮之战时，晋文公发布命令，让郑文公穿着军服辅佐天子，以授楚俘。我如今穿着军服来献捷，是由于不敢废弃王命。"晋国执政大臣赵文子认为，子产的言辞合乎情理，就接受了郑国奉献的战利品。此年十月，子产作为郑简公的辅相到晋国，感谢晋国接受奉献。周灵王二十五年（前547），郑简公赏赐攻打陈国的功臣。三月一日，郑简公设厚礼招待子展，赐给子产车服，然后再赐给他六座城邑。子产辞去城邑说："从上而下，礼数以二的数目递减，这是规定。下臣的地位在第四，而且这是子展的功劳，下臣不敢受到这等赏赐，请求辞去城邑。"郑简公坚持要给他，子产接受三座城邑。

公孙窖壶，春秋容酒器。圆盖，上部中央置环形钮。直口，长颈，鼓腹，平底，矮圈足。活络提梁套铸盖上的双环，并与颈部环形耳相连。颈部有铭文六行三十九字，记公孙窖任职之年，公子土折为其女儿作媵器。

晋楚弭兵

宋国向戌欲消弭诸侯间的战争，来提高自己的威望。于是，向戌到晋，告诉晋执政大臣赵文子。赵文子和大夫们商量。韩宣子认为："战争是百姓的祸害、财货的蛀虫、小国的大难。有人要消弭他，虽说办不到，但一定要答应他。我们不答应，楚国将会答应，并用它来号召诸侯，那时我们就会失去盟主的地位。"于是晋答应向戌。向戌至楚，楚国也答应。向戌到齐，齐

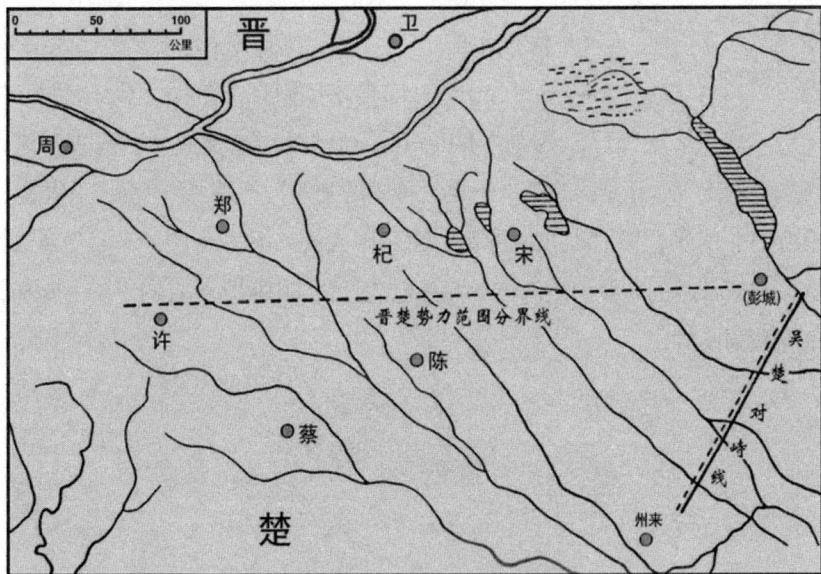

人感到为难，在陈文子劝说下，齐也答应。随后，秦也答应。这四国都通告小国，在宁国举行会盟。周灵王二十六年（前546）五月二十七日，晋国赵文子先到宋。之后郑、鲁、齐、陈、卫、邾、楚、滕等相继到宋。六月二十一日，

百家争鸣时期

向戌和在陈国的楚令尹子木商定楚国的有关条件。

　　子木告诉向戌，要晋的盟国朝楚，楚的盟国也朝晋。六月二十四日，向戌返宋，向赵文子复命。赵文子说，晋、楚、齐、秦四国地位对等，晋不能指挥齐，犹如楚不能指挥秦。楚君如果能让秦君驾临敝邑，寡君岂敢不坚决向齐君请求？六月二十六日，向戌向子木复命，子木派传车请示楚王。楚王表示除去齐、秦两国，其它国家要互相朝见。七月二日，向戌返宋。当天夜里，赵文子和楚公子黑肱商定盟书的措辞。七月四日，子木从陈国到宋。蔡、曹、许等也到达。各国军旅都没有修筑堡垒、开挖堑沟，而是用篱笆作为分界。晋和楚各自驻扎在南北两头。七月五日，晋赵文子、楚子木、鲁叔孙豹、蔡公孙归生、卫石恶、陈忆夬、郑良霄以及许人、曹人在宋国都城西门以外结盟。结盟时，晋、楚争执歃血盟誓的先后。先歃者为盟主，晋人认为晋本来是诸侯的盟主，从来没有在晋国之前歃血的。楚人说，您说晋楚地位对等，如果晋永远在前面，这就是楚弱于晋。而且晋楚轮流主持诸侯的结盟已经很久，难道专门由晋主持？叔向对赵文子说："诸侯归附晋的德行，不是归附它主持结盟。您致力于德行，不要去争执先后。而且诸侯会盟，小国有办理结盟具体事务的责任，让楚国来干，不也是可以的吗？"于是，晋让楚人先歃血。七月六日，宋平公同时设礼招待晋、楚两国大夫。七月九日，宋平公和诸侯的大夫在宋都城的东北门蒙门外结盟。晋楚弭兵，中原从此有四十年的和平，战争亦转到南方。

晏婴论季世

周景王五年（前540），晋平公的妻齐女少姜死。次年春天，齐景公派晏婴到晋国，请求继送女子给晋平公。晏婴说，寡人如愿意事奉君主，早晚都不敢怠倦。君主如果不忘记先君的友好，那么还有先君的嫡女和姑姐妹若干人，请派使者慎重选择，以充姬妆，这是寡人的愿望。韩宣子叔向回答，表示同意。订婚以后，晏子接受享礼，叔向与他饮宴、交谈。叔向询问齐国情况，晏婴说，齐国已到了末世。齐国可能会属于陈氏，因为国君不爱护他的百姓，而要他们归附陈氏。齐国过去有四种量器豆、区、釜、钟。四长为一豆，各自再翻四保以成为一釜。十釜就是一钟。陈氏的量器，豆、区、釜都加大四分之一，这样，钟的容量也就大了。陈氏用私家的大量器借出，而用公家的小量器收回。山上的木料运到市场，价格不高于山上；食盐蜃蛤，价格不高于海边。百姓的力量如果分为三份，那么两份要归于国君，只有一份维持衣食。国君的积蓄腐朽生虫，而老人们却挨冻受饿。国都的市场上，鞋子不值钱而假腿昂贵。百姓有痛苦疾病，陈氏就厚加赏赐。陈氏爱护百姓如同父母，而百姓归附如同流水。想不要得到百姓的拥护，哪里能躲得开？

晏婴论国政的得失与国家的存亡，已超越阴阳灾异的层次而注重统治者德行的高下，人心的向背，表明先秦诸子开始总结历史发展的规律。

长剑出现

　　青铜剑在春秋时期即已出现，但剑身较短，车战中只是用于佩带，作近战防身武器，并被贵族用为日常佩饰，不是野战兵器。春秋晚期的吴越地区首先开始铸造长剑，而且形制趋于统一化规范化，成为成熟格斗兵器，在步战中大量使用。剑从此在相当长的时期内成为中国步兵、军官和官员的制式武器。

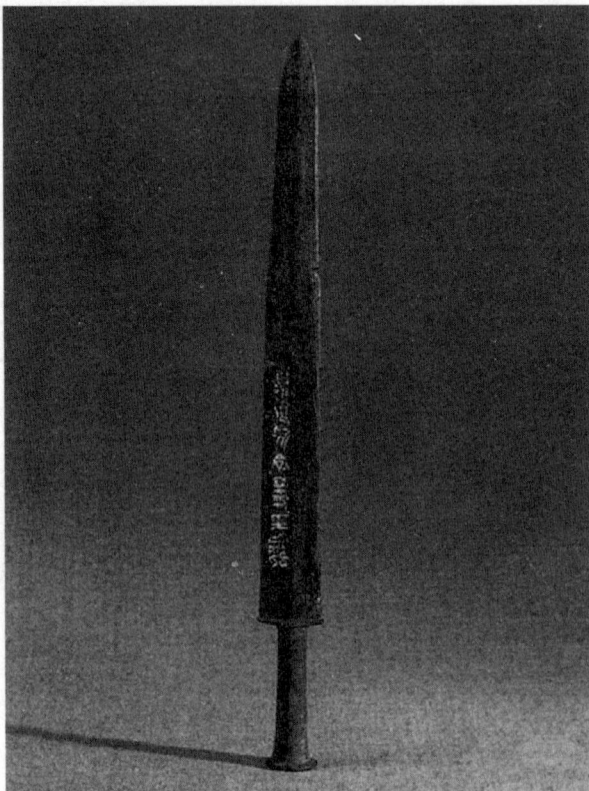

春秋郾王職剑

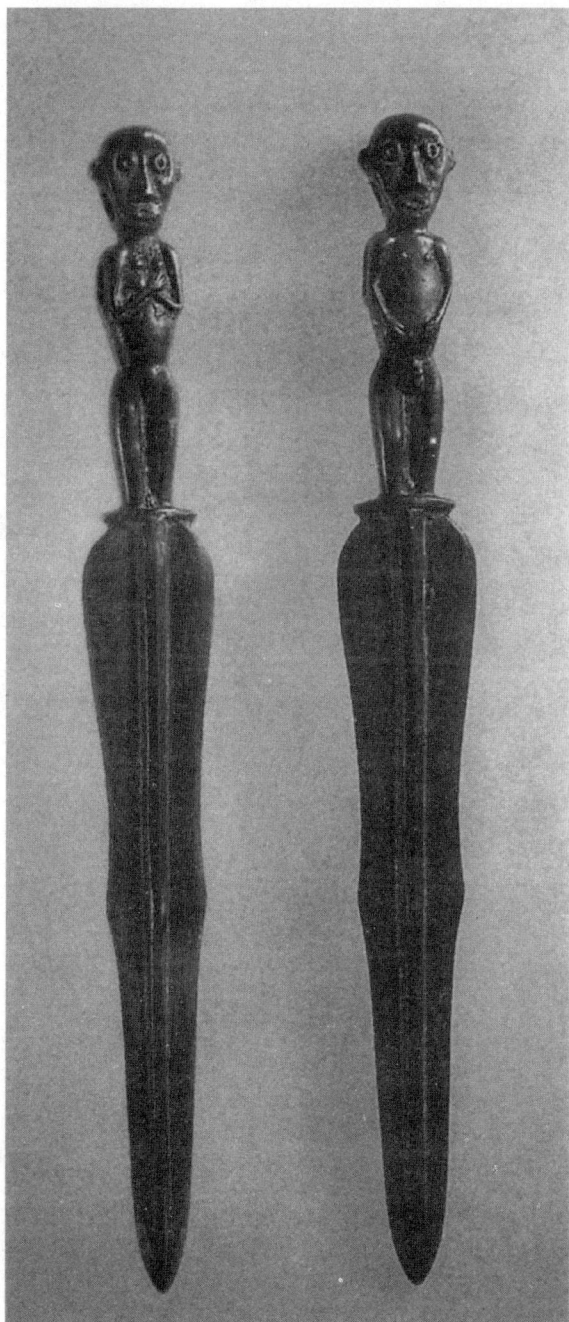

阴阳青铜短剑。剑柄为人形，
一面为阳性，一面为阴性。

子产当政开始改革

百家争鸣时期

周灵王十八年（前554），郑相子也因长期专权而被郑简公诛杀，子产由是被立为卿，任少正。子产为人清正廉洁，光明磊落，深为国人敬重。周景王二年（前543），在郑国当朝显贵子皮等人支持下，子产开始当政，子产一当政，即以自己的原则进行改革。他让城乡有所别，上下等卑各司其职，土田以界区分。推行严刑峻法的"猛政"，创立重利的"血赋"等新制；任能用贤，注意经济建设。执政三年。

子产治国十分讲究策略。既要达到目的，又要不犯众怒。周景王三年（前542），然明建议毁掉乡校，认为郑人聚集在乡校议论得失会影响政府的威信，子产不同意，他说："他们认为好的我就推行；他们认为不好的我就改正。这无异于我的教师。为什么要毁掉呢？"乡校因此得到保存。同年，子皮想让尹你为家邑之任。子产认为尹你太年轻，难当此重任。子皮说，尹你很谨慎柔顺，不会背叛我，他虽年轻，但在邑任上学习一下就懂得如何处理了。子产不赞同。说："我听说学习以后才做官，没有听说将做官当成学习的。譬如打猎，只有熟习射箭驾车，才能获得猎物，如果过去没有登车射过箭，没有驾过车，那么他一心害怕翻车压人，哪里能获得猎物？"子皮被他说得心服口服，改变了初衷。在外交中，子产也不卑不亢，以理服人。

周景王三年（前542）六月郑简公到晋国聘问，子产为辅相。晋平公因为鲁国丧事而没有接见他们。子产派人拆了宾馆的围墙，以放车马。士对此深为不满，说："由于我们治理不好，盗贼多有，所以才修建围墙以保客人的安全，你怎么竟将围墙拆了？"子产回答说："我说晋文公做盟主时，宫室低小，没有可供观赏的台榭，但却把接待诸侯的的宾馆造得又高又大，好像现在君主的寝宫一样，对宾馆内的库房马厩也多修缮。文公不让进见的宾客耽搁，和宾客忧乐相通，宾至如归，什么也不用担心，现在晋国铜（今山西沁县南）的离宫上延数里，而来访的诸侯住在类似奴隶居住的房子里，门口进不去车子，而又不能翻墙而入。如果不拆墙而入，怎样进奉财礼？虽然君主遭到鲁国丧事，但这同样是敝邑的忧虑。如果能够奉上财礼，我们愿把墙修好再走。这是君主的恩惠，岂敢害怕辛劳？"士复命，赵文子认为情况确实如子产所说。晋国实在是德行有亏，把容纳奴隶的住处去接待诸侯，这是晋国的罪过。于是派士前去向郑国群臣致歉。晋平公很快就接见了郑简公，并且礼仪有加，宴会隆重，馈赠丰厚，然后送他们回去。其后，又重新建造接待诸侯的宾馆。

子产是一个务实的、精明的政治家，他执政三年，郑国法纪严明，国人各得其所，国家逐渐富强。郑人甚至还歌颂道："我有子弟，子产教育；我有田土，子产栽培。子产若死，谁来继承？"子产还是一位伟大的思想家，他首铸刑书，首颁成文法典，第一次明确提出天道与人道各不相同、互不相关的天人相分思想，产生了深远影响。

医和谈疾

周景王四年（前541），晋平公有病，请秦国医生诊治，秦景公派医和为晋平公看病。医和认为此病已无法医治，其病如蛊惑，不是由于鬼神，也不是由于饮食，而是被女色迷惑丧失意志。晋平公问女色是否可以亲近，医和回答说，应当有所节制。先王的音乐有五声的节奏，是用来节制百事的。五声下降而停止以后，就不允许再弹。再弹就会有繁复的手法和靡靡之音，使人心荡耳烦，忘记平正和谐，因此君子不听。事情也像音乐一样，一过度，就应该罢手，不要因此得病。君子接近妻室，是表示礼仪节度的，不是用来

医和像。医和是春秋时期秦国的著名医家，他在应聘给晋侯诊病时指出晋侯的病不是由于鬼神作祟，而是由于沉溺女色所致，继而提出了著名的天气致病论，从理论上否定了巫的鬼神致病观，在医巫分离上有着非常重要的意义。

烦心的。天有六种气候阴、晴、风、雨、夜、昼，都须有所节制。阴没有节制是冷病；阳没有节制是热病；风没有节制是手病脚病；雨没有节制是腹病；夜里没有节制是迷乱病；白天没有节制是心病。女人为阴之物如气候之夜，对女色没有节制就会发生内热蛊惑的疾病。现在您没有节制，能不患疾？赵武问什么叫"蛊"，医和回答说，这是沉迷惑乱所引起的。在文字里，器皿里的毒虫是蛊，稻谷中的飞虫也是蛊。在《周易》里，女人迷惑男人、大风吹落山木也叫蛊。这都是同类事物。赵武称赞他医术高明，赠以厚礼，送他返秦。医和以天人一体、阴阳相生相荡的理论论述疾病，开创了中医理论，他提出的阴、阳、风、雨、晦、明失和致病说成为后世风、寒、暑、涅、燥、火六气病因说的滥觞。同时，也表明中国文化开始向自然科学领域拓展。

吴季札周游列国·郑子产问平公疾

周景王元年（前544），博学多才的吴国季札开始周游列国。他先到鲁国，见到叔孙穆子，很喜欢他，但见他好善而不能择善，对他说："您是鲁的京卿而且承担国政，不慎重举拔善人，怎么行了？祸患必然会降落到您身上。"季札请求聆听周朝的各诸侯国的音乐，观看周朝的舞蹈。乐工先后为他演唱了《周南》、《召南》、《邶》、《鄘》、《卫》、《王》、《郑》、《齐》、《桧》、《魏》、《唐》、《陈》、《小雅》、《大雅》、《颂》，他对每一首音乐都作出了独具慧眼的品评。对《南龠》、《大武》、《大厦》等舞蹈，他也一一作了评价。

聘鲁后，季扎又到了齐国。季扎见到晏子，很喜欢他。他预料齐将会发生祸乱，建议晏子即时交出政权和封邑，以免灾祸。晏子听从其劝告，通过陈桓子交出封邑和政权，并因而得免于栾氏、高氏发动的祸难。离开齐国，他又聘问于郑国。季札见到子产，一见如故。他告诉子产："郑国的执政奢

侈，祸患将至，政权必然落入你手中。你执政后，要用礼仪来谨慎地处理事务，否则郑国就会衰败。"郑国政权更迭果如季札所言。结束郑国之行，季札取道卫国聘问。他见到卫国举国多君子仁人，认为卫国不会有祸患。同年，他还到了晋国。在晋国，他见到赵文子、韩宣子、魏献子三人，很欣赏他们。季札认为，晋国将要为这三家所分。他临别时还对叔向说："晋国国君奢侈，然而优秀的臣下却很多，政权必定会归于私家，你一定要注意免祸。"季札的学识和见解深得各国公卿大夫敬佩。

彩绘季札挂剑图漆盘。盘中间绘春秋吴国的季札挂剑徐君冢树的故事。据器铭可知，该器产于蜀郡。

周景王四年（前541），晋平公染疾。郑简公派子产赴晋聘问，并探视平公疾病。叔向告诉子产，卜人说平公的疾病是由于灾星作祟。子产不相信，认为卜人这一套是无稽之谈。他说："君主的疾病是由于劳逸、饮食、哀乐不调所致，山川、星辰的神灵怎么能降病于人呢？我听说，君子有四段时间，早晨用来听取政事，白天用来调查咨询，晚上用来确定政令，夜里用来安歇休息。这样就可以有节制地散发血气，千万不要让它有所壅塞，使身体衰弱，从而心中糊涂、百事昏乱。现在恐怕是血气用在一处而生病。"叔向很赞同子产的话，并向晋平公报告。晋平公称颂子产是一位知识渊博的君子，并赠送厚礼给他。

季札和子产不靠神话传说、宗教迷信而靠人类理智和专业知识分析、评价和预测世象，表明知识自春秋中期已开始发挥越来越主要的作用。

楚人鬼文化

楚国地处南方，远离中原，山高泽险，怪异多有，很早就发展出一种鬼文化。

楚人相信，人死形消，而其魂则变而为鬼，作恶人间，因此，信鬼好祀、乐舞娱神逐渐发展成楚人的生活习俗。譬如在沅水、湘水流域，民间每年都要举行大型的祭祀活动。活动开始时，巫觋"作歌乐鼓舞以乐诸神"，巫歌与音乐舞蹈结合一起，场面宏大，风格热烈活泼，极富浪漫情调。在沅、湘流域的其它地方，每逢重大节日，人们总自发地到山涯水湄去进行大规模的对歌活动，日以继夜，人欢神乐。民间情歌与鬼神祭祀相结合，显得神人相融，几无对生命原初形态的束缚。

据睡虎地云梦秦简和《荆楚岁时记》记载，周景王元年（前544）楚即开始以桃柄帚祛鬼；又据《庄子》一书，楚人将桃枝插于房门边，孩子不怕，而鬼却害怕，可以消灾解难。

楚国之鬼文化是"楚辞"产生的基础。它在春秋之际传入中原，成为中国传统文化之一部分，时至今日，仍能见到包括插桃枝在内的种种戏鬼习俗。

周礼尽在鲁

随着大一统的周室的衰落，周文化渐渐在中原各国湮没不闻，只有鲁和齐还比较完整地保留了周文化。周景王五年（前540），晋平公遣韩宣子聘鲁。韩宣子在国太史处看书，见到周传下来的《易》、《象》和《鲁春秋》等文化典籍，十分赞叹地说："周礼尽在鲁国，我现在才知道周公的德行和周朝所以能够成就王业的缘故。"鲁和齐深厚的传统文化土壤促使两国成为春秋、战国时代的文化中心，养育了从孔（子）、孟（子）到稷下学派这一文化主流，为中国文化得以连绵不断的发展作出了重要贡献。

新式戟出现

戟是一种将戈的勾、啄和矛的直刺功能结合在一起的格斗兵器。由戟头和戟柄组成。戟头在商周时期由青铜铸制，战国末年始有钢铁制品。戟柄为竹木质，长度以车兵所用为最长，骑兵所用稍短，步兵所用最短。

戟在商代还处于萌芽时期，西周时出现把啄头、戈头和矛头联体合铸而成的十字形青铜戟，但其实不佳，所以春秋战国时期又将戈头和矛头分铸，然后用柄联装在一起。这种联装戟在春秋战国大量使用，是"车之五兵"之一。春秋晚期步骑战兴起，联装戟又成为步、骑兵的利器。在长江流域的楚、吴、越等国还出现了在一根3米多长的柄上联装两个或三个戈头的新式戟，称为"多戈戟"，勾割功能良好，是重要的车战兵器。

三弋戟。这种三弋一矛装在同一柄上的古代兵器十分罕见。湖北隋县擂鼓墩出土，战国早期文物。

玻璃工艺发展

　　中国发现最早的玻璃器始于春秋末、战国初。这个时期的玻璃数量少，品种单一，仅有套色的蜻蜓眼式玻璃珠和嵌在剑格上的小块玻璃。蜻蜓眼式玻璃珠是指在玻璃珠上粘附复色套环，因其似蜻蜓眼故名。这个时期的玻璃器集中出土于贵族大墓。河南固始侯古堆墓出土有3颗蜻蜓眼式玻璃珠，球状，直径约1厘米，中间穿孔，在绿色玻璃基体嵌入蓝、白两种色调的玻璃乳纹，是典型的钠钙玻璃。此外，河南辉县征集的吴王夫差剑，剑格上嵌有3块透明程度较高的玻璃块；湖北江陵望山墓出土的越王勾践剑，剑格上也嵌有蓝色玻璃，两把剑中的玻璃都不含铅钡。湖北隋县擂鼓墩曾侯乙墓出土有73颗蜻蜓眼玻璃，球状，直径约一厘米，蓝色玻璃基体上嵌有白、棕等色花纹。

　　战国早期的玻璃器数量有所增加，仍以蜻蜓眼等小型珠饰为主。战国中晚期玻璃器的数量及品种增加，除了珠、管小型装饰品外，增添了璧、剑饰、印章等典型宫中式样的玻璃器，这个时期一般的士和庶民也可以用玻璃器随葬。此时期的玻璃珠多呈球状，少数作橄榄形或棱柱形，中穿小孔，体积一般略大于战国早期的珠子，珠径约1～2厘米，玻璃管多圆柱体，个别呈棱柱体，一般长2～4厘米。珠管周身饰以蜻蜓眼式的圆形物，其上往往有蓝白相间的圆圈纹，有的还有小白点相连组成的菱形纹饰。玻璃器从战国中期出现，延续到汉代。璧的形状都是圆形扁平体，中有一圆孔，璧的外径约7.9～14.1厘米。有绿、乳白、米、深绿等颜色。玻璃璧的纹饰简单，多为谷纹和云纹。玻璃剑饰分剑管、剑珥等。

　　战国中、晚期的玻璃珠、璧绝大多数属于铅钡玻璃。在19世纪之前，无论是欧洲、北非，还是西亚的玻璃都不含有钡，因此含有氧化钡是战国至秦汉中国玻璃的显著特征。

　　学术界对战国初的玻璃制品存在着从西输入的说法，但对战国中、晚期的玻璃制品都是中国制品这一观点没有异议。

琉璃珠。自左至右，分别高 2.3 厘米、1.8 厘米、1.8 厘米、1.7 厘米。琉璃珠也称火齐珠，是中国玻璃的古名称，其成分中有铅和钡，色彩非常漂亮。

玻璃珠。此类玻璃珠在中国、东南亚、西亚、地中海东部沿岸多有发现，形制色彩也很接近，反映了这一时期玻璃制品的发展与交流。

065

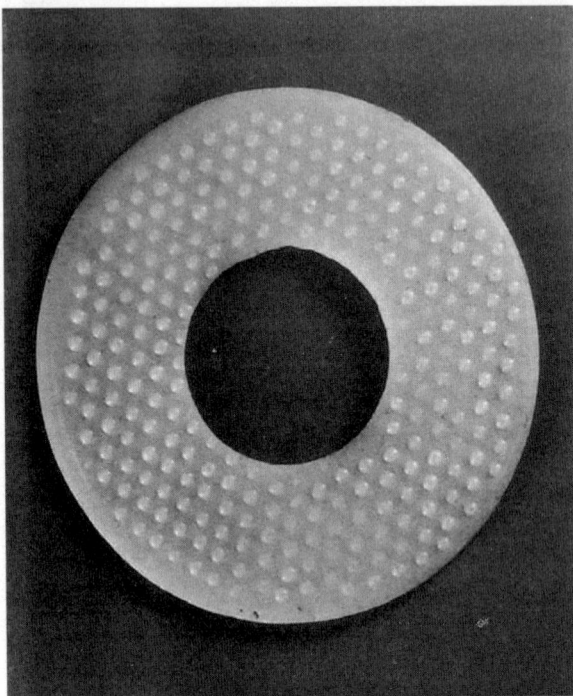

玻璃璧。玻璃璧呈米黄色，圆形扁平体，中有一圆孔，表面饰以谷纹。玻璃璧为仿玉制品，其形制、纹饰与战国时的玉璧相同。采用模铸法成形，制作规整，颜色鲜艳。

玻璃管

玻璃管

玻璃剑首、剑。

春秋

539 ~ 531B.C.

538B.C. 周景王七年

冬，郑制定丘赋制度。

537B.C. 周景王八年

正月，鲁舍（罢去）中军。左传："舍中军，卑公室也。"

冬，楚王帅蔡、陈、许、沈、徐、越人伐吴，败吴师。

536B.C. 周景王九年

三月，郑人铸刑书。

535B.C. 周景王十年

正月，燕服齐，盟于濡上。

楚国男子以长髯为美，是年楚灵王命长髯者相君行礼。先秦时须多称美的风气至秦汉以后犹然。

534B.C. 周景王十一年

陈哀公宠公子留，三月公子招杀太子偃师而立公子留。四月，哀公自缢死，公子招立公子留为君，楚人杀公子招，乘陈乱，灭陈。

秋，鲁治兵于红，革车千乘。

532B.C. 周景王十三年

五月，齐陈氏、鲍氏攻栾氏、高氏，栾施、高疆出奔鲁，陈、鲍分其室，陈氏始大。

七月，季孙率师伐莒，取郠（莒邑），献俘，用人于亳社。

昭公时，晋六卿强，公室卑。

师旷评谓为商纣王逼师延所作之国音。传春秋时尚有伯牙，亦善琴艺，创有琴曲《水仙操》，《高山流水》相传亦其所作。

538B.C.

波斯皇帝居鲁士率军攻入巴比伦。迦勒底亡。

巴比伦天文学在迦勒底时期得到新发展。前500年左右，巴比伦天文家已算出岁实为365日6小时15分41秒，较现今天文学家所测者仅多26分55秒。

波斯人释放被囚禁在巴比伦之一部分犹太人返回犹太。

534B.C.

相传罗马塔克文尼阿士专横暴虐，为贵族推翻。贵族们从此废除国王制度，而将政权掌握在自己手中。人民从贵族里选出两个执政官，任期一年。

老子著书出关·《道德经》代表中国纯粹哲学

据传春秋战国之际，我国古代著名哲学家、道家学派创始人老子著写《老子》，阐述他的哲学思想。

老子，姓李名耳，字聃，楚国苦县（今河南鹿邑）厉乡曲仁里人，曾任东周王朝守藏史，掌管图书典籍。相传孔子曾向他问过"礼"，他则给孔子讲述许多深奥的道理。他一生修行道德，晚年才"著书言道德之意"。是为《老子》，又名《道德经》，全书分上下篇，共81章，计5000余言。在《道德经》一书中，老子以"道"为核心，创立了他的哲学体系，包括世界本原说、朴素辩证法及认识论等等。

"道"是老子哲学体系的核心，他认为"道"先于世界万物存在并且是

老子授经图。春秋时期的思想家老子，后来被道教徒神化，奉为教主，在中华大地的多元神系中，占有重要的一席。本图绘出了老子在松树下坐在榻上授经的场面。仙风道骨的老子，颇具"天尊"的气度。

老子骑牛图，北宋晁补之绘。道家创始人老子倡导的恬淡虚无、清净无为、抱朴归真的人生观倍受后人推崇，成为后世养生学的基本准则。

产生世界万物的神秘本原，"有物混成，先天地生。"、"吾不知其名，字之曰'道'，"就是说在天地形成之前就有一个浑然一体的东西存在。在老子看来，"道"是一个神秘的、不可感知的精神性实体，并且由"道"可生出万物世界。"道生一，一生二，二生万物"（《老子》第四十二章），可以说由"道"化生出元气，由元气产生阴阳二气，再由阴阳二气和合而产生天地万物，老子以"道"为万物本原的学说，结束了传统的上帝鬼神的传统，提高了哲学思辩的高度。

以"道"为基础，老子又提出他的朴素辩证法思想，他认为无论自然界还是人类社会，无时无刻不在运动变化之中，并在这运动变化之中概括出一系列相互矛盾的范畴，如有无、福祸、美恶等。并指出每一矛盾范畴的两个对立面是相互依存和相互转化的，"天下皆知美之为美，斯恶已。"就是说，当天下人都知道美之所以为美的时候，也就知道了丑的含义了。在承认矛盾双方互为存在条件的前提下，老子还认为对立面双方并非一成不变的，而是无不向其反方面转化，提出"反者道之动"的朴素辩法思想，作为事物矛盾转化的普遍法则。"祸兮，福之所倚；福兮，祸之所伏"。

在认识论方面，老子否认人的知识来自于感觉经验，他认为体认"道"，完全不需感性认识，只需要"虚静"、"玄鉴"的认识方法，即可达到"闻道"的目的。"虚静"、"玄鉴"即要求人们内心虚静，不持任何成见，也不受任何外界干扰，以达到心灵虚静的状态。以这为基础，他反对启迪民众智力，要人们"绝圣弃智"、"绝学无忧"，公开主张实行愚民政策，以维护统治阶级的统治。

老子除了将"道"作为世界万物的本原外，还将之作为是万物的归宿。万物从"道"而生，最后又复归于"道"，"夫物芸芸，各复归其根。归根曰静，是谓复命。"这一思想反映到社会历史观方面，老子认为人类应重返纯朴的自然状态，从而形成了他所谓"小国寡民"的乌托邦思想。

老子的哲学思想，到后来基本上发展为两个方向。一是庄子将老子的世界观发展成为虚无主义；另一就是将"道"解释为规律，以"道"为礼、法

百家争鸣时期

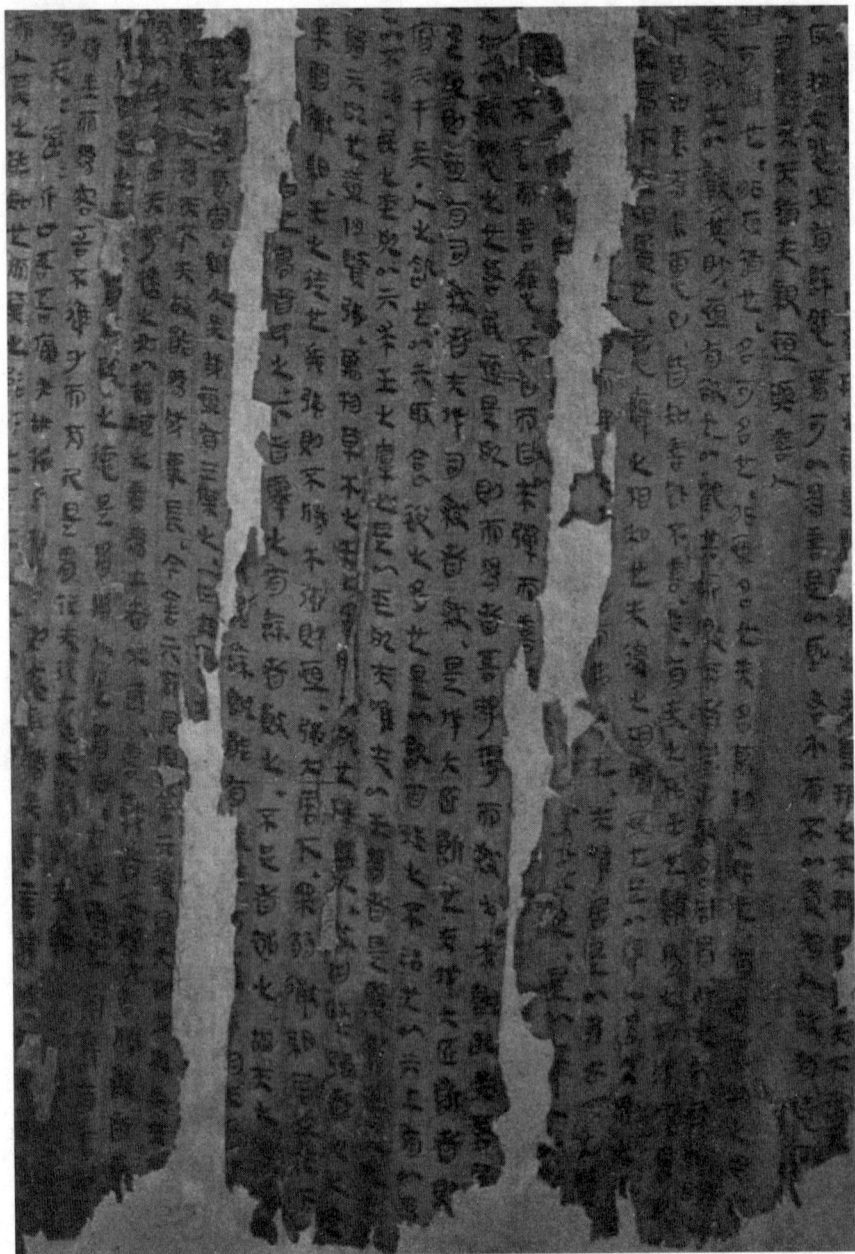

西汉帛书《老子》（残页）

的思想依据，形成了法家学派。此外，老子的思想对后来道教哲学也有很大的影响，被奉为道教"教主"。

老子的本体论是体系的，而且惊人地清晰。它把道确定为世界的本体，它是无差异的、不可以以人的感觉和知性把握的先天存在，它生成万物，生成的方式是差异化和递归，物之所以存在是因为它被生成，其所以生成的过程和方式就是德。老子花了大量篇幅谈道的无限、无差异和非知识，并谈及它与世界的生成关系（这关系引起了混乱，似乎它才是道，是生成，而本体是"自然"，道法自然，老子的"道"在这里不是很清楚）。

老子的哲学是完整体系，道无结构无组合，它以差异、递归、德育产生出万物。道是真正的纯粹（而非实践、社会）哲学，他的行为哲学也完全从关于道（理）的理论中引出，因而他是中国真正唯理主义的先驱与代表。

老子的认识论、社会哲学和行为哲学由此派生，并偏激地向无差异、无为的道回归而放弃另一方，这完全起源于他本人对他的时代的认识和个人道德倾向，对后世产生了很大的、一般说来是消极的影响。

孔子成人

孔子，名孔丘，字仲尼，周灵王二十一年（前551）生于鲁昌平乡陬邑（今山东曲阜东南），他的祖先是宋国的孔防叔，因逃华氏的逼害，到了鲁国。孔子的父亲叔梁纥和母亲祷于尼丘，野合生了孔子。孔子出生时，叔梁纥去世，葬在防山（今曲阜东），母徵年轻便守寡，不曾送葬，因而不知道叔梁纥葬在哪里。孔子小时候，玩游戏时常"陈俎豆，设礼容"。孔母死后，孔子将她葬在五父之衢，并寻找父亲葬处。輓父的母亲告诉了孔子，孔子就把父母合葬在防。周景王十年（前535），孔子十七岁。已非常懂礼，鲁国大夫僖子临死前对他的儿子懿子说：孔丘是圣人的后代，我听说圣人之后虽然现在不出名，

孔宅故井。孔子十六七岁时母亲去世，开始独立谋生，洗衣、做饭、种菜、挑担等，无不自立为之。同时，他还发奋自学，终于成为一代名师。孔子的学习精神，常为后人所效仿。图为孔子故宅内的"孔宅故井"。

孔子问礼老聃

有朝一日会飞黄腾达的。如今孔子年纪轻轻已经很懂礼仪，能不发达吗？我死后，你们一定要拜他为师。僖子死后，懿子和弟弟南宫敬叔就到孔子处学礼。之后，南宫敬叔向鲁君请求让他和孔子一齐到周询问礼仪。鲁君赐给了他们一车两马。孔子见到老子，老子教导他"良贾深藏若虚，君子盛德，容貌若愚"，还要孔子去掉骄气、多欲、态色和淫志这些无益于身的东西。孔子见老子后对弟子说：我今天见到老子，就好像见到乘风云上天的无所约束的龙一样。

子产铸刑鼎·中国第一部成文法诞生

周景王九年 (前 536) 三月，在子产主持下，郑国将刑法条文铸在鼎上。晋叔向派人向子产致书说，从前先王衡量事情的轻重来判罪，并不制定刑法，害怕百姓有争夺之心。但这不能禁止犯罪，因此就用道义来防范，用政令来约束，用礼仪来奉行，用信用来保持，用仁爱来养育。并且制定禄位以勉励服从的人；严厉地判罪以威服放纵的人。还怕不能收效，所以又用忠诚训诫他们，根据行为奖励他们，用知识技艺教导他们，用和悦的态度使用他们，用坚决的态度判断他们的罪行；还要访求聪明睿智的卿相、明白事理的官吏、忠诚守信的乡长、慈祥和蔼的老师，这样，百姓才可以使用而不发生祸乱。百姓知道法律，就会对上面不恭敬。大家都有争夺之心，并征引刑法作为根据，而且想侥幸得到成功，这样就不能治理。夏朝有违犯政令的人，就制定《禹刑》；商朝有违犯政令的人，就制定《汤刑》；周朝有触犯政令的人，就制定九刑。现在您制定三种法律，把刑法铸在鼎上，打算以此安定百姓，是很难的。《诗》说，效法文王的德行，每天抚定四方。又说，效法文王，万邦信赖。像这样，何必要有法律？百姓知道争夺的依据，将会丢弃礼仪而征引刑书，一字一句，都要争个明白。触犯法律的案件会更加繁多，贿赂就会到处使用。在您活着时，郑国恐怕就要衰败，我听说，国家将要灭亡，必然多订法律，说的就是这个。子产向给叔向复信说，按照您所说，子产我没有才能，不能考虑到子孙，但我是用来挽救当世的。尽管不能接受您的命令，又岂敢忘您的赐予！

子产所铸的刑书，是中国第一部成文法，是中国法律（特别是刑法）的真正起源，同时又是春秋时代上层建筑领域的重大创造。

鲁三桓四分公室

周景王四年（前541），鲁襄公去世，季孙氏立裯为国君，这便是鲁昭公。鲁昭公终日嬉游，国家管理完全任三桓摆布。这一时期，季孙氏的权力发展很快。周景王八年（前537）正月，三桓决定裁撤中军，恢复原来上下两军的建制。原来中军是把公室军队一分为三，孟孙、叔孙、季孙三家各掌握一军。对于分得的公室军队，季孙氏采用征兵或征税的方式；叔孙氏让壮丁作为臣，老弱者恢复自由；孟孙氏则把一半为臣，一半为自由民。这次分上下两军，还把原属鲁君的领地及人民分成4份,季孙氏取2份,叔孙氏与孟孙氏各取1份。他们各自向分得的领地内人民征收军赋、田赋,而将一部分收入上贡给鲁君。史家称此为"四分公室"。至此,鲁国国君不但丧失了军权,连公室领地及领地内人民的所有权也失去了,于是三桓愈强,鲁君愈弱。

云雷纹鼓,春秋乐器。鼓身分为三段,胴部突出且大于鼓面,束腰,足外侈。胴、腰交界处有四扁耳。鼓面正中凸出太阳纹,无芒无晕。腰部纵分为十六格。腰下部饰云雷纹。鼓内壁有对称的卷云纹。为滇西地区较原始的铜鼓。

楚灵王灭陈蔡·谋取霸业

　　周景王七年 (前 538)，楚王会集诸侯到申 (今河南巩县东北)。曹、邾用国内有祸难来推辞，鲁昭公用祭祖来推辞，卫襄公用生病来推辞。六月十六日，楚灵王和蔡、陈、郑、许、徐、滕、顿、胡、沈、小邾等国诸侯以及宋太子佐、淮夷相会。椒举对楚灵王说，诸侯只归服于礼，霸业的成功与否，都在这次会见。夏启有钧台之享、商汤有景亳之命、周武王有孟津之誓、周成王有岐阳之搜、周康王有酆宫之朝、周穆王有涂山之会、齐桓公有召陵之师、晋文公有践土之盟。君王打算采用哪一种？楚王采用了齐桓公的方式。楚王和诸侯结盟，之后渐露出骄傲之色。

　　周景王十一年 (前 534) 四月，陈国发生争立之乱，公子招与公子过杀掉太子偃师，立公子留为太子。哀公此时有病，闻讯大怒而欲杀公子招。公子招于是发兵攻哀公，哀公自杀。公子招遂立公子留为国君，同时派使者赴告于楚。而哀公的另一个儿子公子胜也来到楚国，向楚灵王揭露公子招及公子过杀嫡弑君的经过。灵王早有并陈之心，于是乘机杀掉公子招派来之使者，九月，派王弟公子弃疾率楚师围陈，楚师攻破陈都，逐灭陈。楚灵王以陈地为县，命楚大夫穿封戎为陈公。

　　楚灵王灭陈以后，又筹划灭蔡。

　　周景王十四年 (前 531) 三月十五日，楚灵王设宴招待蔡灵侯，却在暗中埋伏了甲士。待蔡侯酒醉，伏兵突起，擒蔡侯及其随从。四月七日，将蔡灵侯和随从全部杀死，藉口是蔡灵侯在 12 年前犯有弑父之罪。同时，灵王命公子弃疾率师围蔡。晋国闻讯，派使者到楚国交涉，为蔡求情，楚灵王不听。

十一月，经过长期的攻打，楚军终于攻破蔡都。其后蔡国与陈国同时复国。

周景王十五年（前530），楚灵王伐徐至乾溪（今安徽亳县东南），意满志得，问齐、晋、鲁、卫受封时都得了宝器，唯独我没有，如今我派使节到周室求鼎，它会不会给我呢？析父答：如今周室和齐、晋、鲁、卫都归服和事奉于你，对你唯命是从，岂敢不给你鼎呢？听了析父一番话，灵王更加骄傲了。周景王十六年（前529）春，灵王还在乾溪寻欢作乐，灵王弟弟公子比杀灵王的太子而自立为王，并对楚王左右的人说：国已有主，先回来的得到原来的爵邑田室，后回来的只能迁往别处。于是众人都弃楚王而去。灵王听闻太子被杀，悲痛得从车上跌了下来。灵王一个人留在山中，饥饿得起不了床。芋尹申无宇之子申亥觉得灵王有恩于他父亲，于是找到了落难的楚灵王，将他接回家中。同年，楚灵王在申亥家自缢而死，申亥安葬了他，并让两个女儿殉葬。楚灵王谋取霸业的宏愿，也随之烟消云散。

师旷辨亡国之音

卫灵公将要到晋，经过濮水，半夜听到鼓琴声音，似鬼神之声，都是周围的人闻所未闻的，灵公便让师涓依此练习。卫灵公见到晋平公后，平公设酒宴款待他。酒酣，灵公让师涓为平公奏新得的乐曲。师涓奏到一半，师旷阻止他再奏，说这是亡国之音。平公问缘由，师旷说这乐曲是师延为纣作的靡靡之音。武王打败纣王时，师延投了濮水，所以这乐曲一定是在濮水上听到的，听这音乐会使国力削弱。平公很喜欢这段音乐，便让师涓将乐曲奏完。平公说：恐怕没有比这更悲的音乐了！师旷说有的，平公要听，师旷说君王你德义薄，最好不要听。平公说我就是喜欢悲伤的音乐，一定要师旷奏乐。师旷一奏，就有黑鹤十六集在廊门；再奏，鹤伸颈鸣叫，舒展双翅起舞。平公听了非常高兴，站起来给师旷敬酒，说还想听更悲的。师旷劝戒平公，听这音乐会使人衰败。平公说我老了，听也无妨。师旷不得已，抚琴起奏。一奏，西北处涌起了白云，再奏，大风大雨就来了，廊瓦飞了，吓得一帮人四处奔走。平公更是吓得伏在屋廊之间。不久，晋国大旱三年。

师旷辨亡音，说明了春秋时代音律的完备和精细。春秋时代，纯音乐兴起，在庙堂和民间音乐之外，出现了创作音乐，一方面，音律和乐器制作更加精美（曾侯乙编钟也是同时期），另一方面，出现了伯牙之类的创作音乐家。

自此以后，音乐成为春秋战国时代文化的中心部分，极为兴盛。

伯牙鼓琴图卷，元王振鹏绘，墨笔画春秋时伯牙、钟子期故事。

子产论魂魄

周景王十年（前535），子产到晋聘问，正值晋平公患病。韩宣子迎接子产，私下里说，寡君卧病，已有三月之久，凡应祭祀的山川都去祈祷过，病情却只有加重而不减轻，现在梦见黄熊进入寝门，不知这是什么恶鬼。子产说，以君主的圣明，您做正卿，哪里会有恶鬼？从前尧在羽山杀鲧，他的精灵变成黄熊，钻进羽渊，后来为夏朝所祭祀，并且三代都祭祀他。晋做盟主，或者没有祭祀他吧！于是韩宣子祭祀鲧，晋平公的病逐渐痊愈。为了酬谢，晋平公将晋所得莒国的两个方鼎赐给子产。

郑国伯有于周景王二年（前543）被杀。周景王十年（前535），郑人惊呼伯有之鬼返归，于是慌忙逃奔，不知逃向何处。后来，子产立了过去被杀的子孔之子公孙泄和伯有之子良止，来安抚鬼魂，人们才安定下来。子太叔问这样做的原因，子产说，鬼有所归宿，这才不去做恶鬼。我是为他寻找归宿。子太叔说为什么立公孙泄呢？子产说，为了使他们高兴。子产到晋国后，赵景子问，伯有还敢做鬼吗？子产认为能。人刚死去叫做魄，其阳气叫做魂。活着时衣食精美丰富的魂魄就强有力，因此具有现形的能力，一直达到神化。普通的男女不能善终，尚且能附在别人身上，以大肆惑乱暴虐，何况伯有是我们先君穆公的后代，子良之孙，子耳之子，敝邑的卿，执政已经三代。郑国虽然不强大，或者就像俗语所说是"蕞尔小邦"，可是三代执掌政权，他使用东西很多，在其中汲取的精萃也很多，他的家族又大，所凭借的势力雄厚，可又不得善终，能够做鬼，不也是应该的吗？

上古信鬼神，春秋时代也一样，但这时子产已开始用自然论的观点，用阴阳之气来解释魂魄，这是一种进步。

百家争鸣时期

530 ~ 521B.C.

春秋

529B.C. 周景王十六年

楚公子比率陈、蔡、许、叶之师，因四族之众以叛，攻入楚都，楚灵王自缢。公子弃疾杀公子比而自立，是为楚平王。

527B.C. 周景王十八年

吴王余昧卒，子僚嗣位，是为吴王僚。

525B.C. 周景王二十年

九月，晋灭陆浑之戎，献俘于鲁。

吴王僚二年，吴、楚水战于长岸（今安徽裕溪口一带），吴失王船"余皇"，后为公子光夜袭楚军夺归。此为我国古代编队水战的最早记载，吴、楚造船技术已很先进。

524B.C. 周景王二十一年

周景王铸大钱《国语·周语》

522B.C. 周景王二十三年

楚平王信费无极谗言，欲诛太子建，三月，太子建奔宋。

齐景公二十六年，晏婴论音乐，为我国较早而完整的一种音乐理论。周景王令铸"无射"编钟，曾问律于著名音乐家伶州鸠，时已有以黄钟为首的十二律，且以此为铸钟的理论根据。

525B.C.

波斯皇帝冈比西斯大败埃及于匹鲁西安，遂征服埃及，冈比西斯并远征孚比亚。

希腊悲剧作家爱斯奇里斯生。

522B.C.

希腊抒情诗人品达生，他是希腊最后的一个抒情诗人。

521B.C.

波斯皇帝大流士一世进行一系列的改革，以保证帝国之稳定。在此时期，西亚经济文化，呈现繁荣。波斯帝国达到最繁盛的时代。

佛陀离家出走，献身于哲学和苦行主义；他在贝拿勒斯圣城的鹿野苑首次讲道（前521）。佛陀"得道"。

子产论天道

周景王二十年（前525），郑国的神灶对子产说，宋、卫、陈、郑四国将要在同一天发生火灾。如果我们用瓘斝玉瓒祭神，郑国就不会发生火灾。子产不给。次年五月，宋、卫、陈、郑四国果然发生火灾。神灶说，如果不采纳我的话，郑国还要发生火灾。郑人请求采纳神灶的话，子产不同意。子太叔说，宝物是

子产像

用来保护百姓的，如果发生火灾，国家将濒临灭亡。宝物可以挽救危亡，您爱惜它干什么？子产认为天道远，人道迩，两不相关，怎么能了解它们的关系？神灶哪里懂得天道。预言多了，难道不会偶尔说中？于是坚持不给，后来郑

国没有再发生火灾。

春秋时代的人普遍信奉鬼神、巫术，子产也如是。但他区分天道、人道，应该说是中国天命观的重大进步，具有朴素的唯物观点，孔子即继承了这一思想。

子产去世

周景王二十三年 (前 522) 冬，郑国子产去世。

子产，公孙氏，名侨，字子产，是郑国司马子国的儿子。他是春秋时期一位杰出的政治家，也是具有浓厚人文精神的思想家。子产执政 20 多年，对郑国产生重大的影响，是他在郑国实行的三大改革：

子产祠

①作封洫。开殖田沟，重新编治公私田亩和农民什伍，其主要目的是承认田地私有和给予个体农民以合法性，在私田上按亩取税。"作封洫"田制的改革，不仅有助于农田灌溉，提高农业的收成，增加国家的收入，而且重要的是使田地私有得到了合法的确认。

②作丘赋。就是按照田地的多少，向田地私有主征收的一种兵赋。具体办法是在1丘(16井)的范围内，缴纳过去1甸（64井）所负担的兵赋。这就保证了国家军费的收入，扩大了兵源，从而增强了郑国的实力。"作丘赋"的推行，其意义还不仅是兵赋制度上的改革，它还表明了在承认土地私有的基础上，给予农民作甲士的资格，打破了以往甲士身分的限制。

③铸刑书。子产于周景王九年(前536)把刑书(成文法)条文铸在铁鼎上，公布于众。这样，司法有了准绳，谁也不能光凭自己的好恶来滥施刑罚。

子产不仅是春秋中后期的一位有作为的政治家，而且还是一位具有人文精神的思想家。周景王十九年(前526)，郑国闹旱灾，子产不信天命鬼神那套，坚决反对祈求雨。过了一年，周景王二十年(前525)出现了彗星，有人就预告明年在郑、宋、卫、陈等四国将要发生大火灾，要子产赶快用珍贵的玉器禳祭，子产不听。当偶然应验以后，那些人又说下一年还将有火灾，要子产接受教训，赶快去祭天，子产仍不相信，并郑重地指出：天道和人道是风马牛不相及的事情。这种把天文现象和人事的变故区别开来的观点，冲破了殷周以来宗教观点的束缚，对后世的人文精神的发展，影响很大。

伍子胥出奔吴国

　　周景王二十三年（前522），楚平王听信谗言，想杀太子建，于是将太子的老师伍奢召来并将他关押起来。太子建逃亡到宋。楚平王怕伍奢的两个儿子伍尚和伍子胥成为日后隐患，就派人召两人来，说：你们来了就可以放掉你父亲。大儿子伍尚为全孝道去了，跟父亲伍奢一起被楚王杀掉；小儿子伍子胥为报父仇出逃到宋国投奔太子建。不巧宋发生内乱，伍子胥便和太子建逃到郑。在郑三年，太子建报仇心切，参与密谋要夺郑定公的权，被郑定公发现杀了。伍子胥带着建的儿子

伍子胥像

太子胜逃奔吴。逃到吴楚交界的昭关（今安徽含山县北），关上盘查很严，因为郑王已叫人画像悬赏捉拿伍子胥，伍子胥非常发愁，传说他一夜之间愁白

了头发，在好心人东皋公的帮助下混出了关。伍子胥和太子胜一路疾行，唯恐后面有追兵到来。到一条大江前，有一渔夫将伍子胥和太子胜渡过了江。伍子胥为感谢渔夫，摘下身上的宝剑相赠，说这值100金的。渔夫说楚国有令，凡抓到伍子胥都可以得到5万石粟和高官厚禄，我这都不在乎，还在乎你的剑吗？伍子胥还未到吴，在路上便病倒了，一路乞讨到了吴国。吴国公子光引见伍子胥给吴王，伍子胥劝吴王伐楚，被公子光阻拦住。伍子胥见公子光想谋王位，便举荐勇士给公子光。公子光杀了吴王僚后自立为王，这就是吴王阖闾。吴王即位后，封伍子胥为大夫，又任用了将军孙武，富强国家，整顿兵马，先后兼并了附近几小国。周敬王十四年 (前506)，吴王拜孙武为大将，伍子胥为副将，伐楚，一直打到郢都。伍子胥将楚平王之尸挖出，鞭尸以解父仇。

伍子胥画像镜

分野观念形成

《国语》在周景王二十五年 (前 520) 有 "岁之所在，则我有周之分野" 的记载。当时的人把十二星辰的位置同地上国、州对应，就天文说，称某星宿是某州、国的分星，就地域说，称某地是某星宿的分野，反映古代天文地理统一的观念。

分野观念是中国占星术的基础，后来发展为天官观念，用星辰与行政对应。从而形成中国星座体系，而与希腊式的迥然不同。中国的天文、占星和政治都受到极大影响。

晋治兵邾南

周景王十六年 (前 529) 七月，晋国治兵邾南，各诸侯震服。

晋国自弭兵之会以后，霸权渐渐衰落。国内情况如子产所说："政出多门，只求苟延度日。"国际间则屡受强楚的挑衅而不敢与之争衡；楚灵王先后灭陈、蔡，晋国只能眼睁睁坐视。由此而威信日减。齐景公之所以敢于公然宣称欲取晋之霸主地位而代之，就是因为清楚地看出了这种趋势。

本年，晋大夫叔向向昭公建议，大会诸侯以示威，以使诸侯不敢对晋二心，昭公以为然。恰好鲁国曾于 3 年前伐莒，夺取了莒邑郓地 (今山东沂水县境内)，晋昭公大会诸侯而讨之。本月，晋国在邾国的南境举行大规模的军事检阅，装载甲士的战车有 4000 辆，声势之大前所未有。鲁国深感畏惧，向晋国表示服从。八月七日，晋昭公会周卿士刘献公及齐、宋、郑、卫、曹、莒、邾等八国诸侯，同盟于平丘 (今河南封丘县东)。

晋国的兵力虽然强大，但"政出多门"却是它无法克服的痼疾，4000 乘兵车实际由各强宗大族分别控制，因此也就不可能真正重振霸业了。这可说是晋的回光返照，数年之后晋被三家分割而亡。

吴楚战于长岸

周景王二十年 (前 525) 吴军进攻楚，两军战于长岸 (今安徽省涂县西南)，楚将司马子鱼先战死，楚军跟着上去，大败吴军，俘获一条名叫余皇的船，移舟于岸，派随国人和后来到达的人看守，环绕这条船挖深沟，一直见到泉水，然后用炭填满，摆开阵势等候命令。吴公子光向大家请求说，丢掉先王的坐船，难道只是我一个人的罪过？大家也都有罪。请求靠大家的力量夺回来，以救一死。众人齐声赞同。于是公子光派三名身高力壮的人埋伏在船旁边，说，夜里我喊余皇，你们就回答，军队随着跟上去。到夜里，喊了三次，埋伏的人交替回答，楚人上去杀掉这三人，吴军趁楚军混乱将其打败，夺了余皇返回。

长岸之战是我国古代最早的编队水战，标志中国战术的重大进步。

曲刃短剑，春和东胡民族兵器。剑身曲刃，圆柱状脊，有短茎可插入柄内。圆柄呈丁字形，饰三角勾连回纹。1976 年内蒙古宁城北山嘴出土。

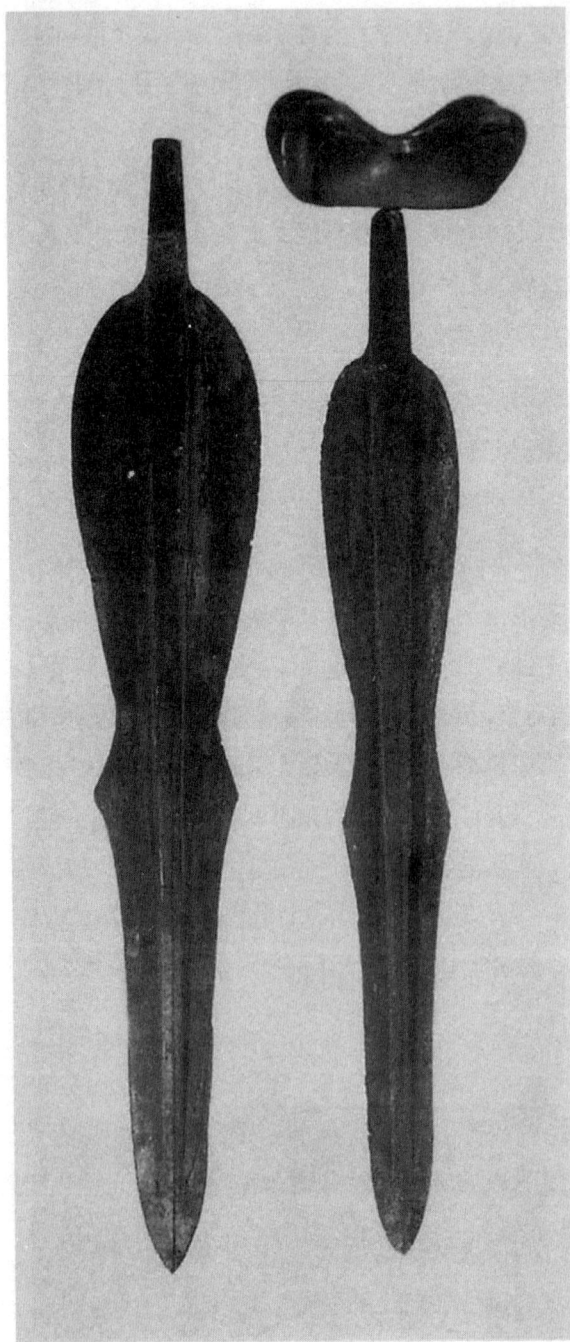

曲刃短剑，春秋兵器。

牺尊

　　山西浑源李峪村出土的青铜器数量甚多，其中有不少新颖的器形，以牺尊最为突出。

　　牺尊通体作牛形，是春秋晚期到战国早期器物。其颈、背、臀上有三穴，器盖已遗失，仅存一青铜锅，用以置酒，腹部用以注水，是一件温酒器。器的各部分均饰兽面纹，都出自一模的反复印制。牛的颈部和容器的口沿上浮

牺尊局部

雕牛、虎、豹等动物。尊体完全按实用设计而不求肖似。但牛颈却是写实的，牛的鼻子上还系有一环，说明中国驯牛已有很长的历史了。

本器的浮雕状纹是在蟠螭纹基础上发展而来，十分美观，其技法与山西侯马出土的晋国铸铜陶范相似。

浑源牺尊与兴平犀尊实际代表着春秋、战国时期工艺雕塑发展的两种趋向，前者向工艺美术发展，造型服从装饰，成为错彩镂金的战国工艺美术的杰出代表；而后者由工艺走向独立的雕塑，成为博大沉雄的秦汉雕塑的先声。

牺尊。此尊作牛形，背上有三穴，器盖均已遗失，仅存一青铜锅，用以置酒，腹部用以注水，是件温酒器。器的各部分均饰兽面纹，但都出自一模的反复印制，牛的颈部和容器的口沿上浮雕牛、虎、豹等动物。尊体完全按实用设计而不肖似。但牛颈却是写实的，牛的鼻子上还系有一环，说明中国驯牛已有很长久的历史了。

蔡侯朱之缶

春秋时期蔡侯朱（蔡平侯字）之器物。铭文一行五字，高40厘米。铭文为："蔡侯朱之缶"。意为蔡侯朱之盛酒浆青铜器。

蔡侯朱，蔡平侯之子，蔡平侯死后在位一年（前521）被蔡灵侯的孙子东国攻打而逃亡于楚国。此器出土于楚国境内，可见蔡侯朱死于楚。

蔡侯朱盥缶，春秋盛水器。

蔡侯朱盥缶局部

周铸大钱

　　周景王二十一年（前524），周景王不听卿士单旗（单穆公）的劝告，开始铸大钱代替以前已经流通的子母钱。大钱重五十铢，有文字记"大泉五十"。周铸大钱是最早记载的金属铸币，见于《国语·周语》。洛阳出土的空首布，表明春秋中期以前中原地区经济发展已相当繁荣，已流通金属铸币。单穆公针对这次币制更替，提出了"子母相权论"，这是我国最早的货币理论。

右伯君权，春秋衡器。半球形，高鼻钮，平底略凹。

籍谈数典忘祖

　　周景王十八年 (前 527) 八月，周景王的王后王穆后死。十二月，晋国荀跞赴周参加葬礼，籍谈为其副使。葬礼完毕，减除丧服，周景王和荀跞饮宴，把鲁国进贡的壶作为酒尊。周景王说，诸侯都有礼器进贡王室，为何唯独晋国没有？荀跞无辞以对，便向籍谈作揖，请他回答。籍谈说，诸侯受封时，都在王室接受明德之器，所以能把彝器进献给天子。晋国住在深山里，和戎狄邻近而远离王室，天子的威福不能达到，驯服戎人还来不及，怎么能进献彝器？周景王说，您恐怕是忘记了吧。叔文唐叔是成王的同胞兄弟，难道反而没有赏赐吗？密须的鼓和它的大路之车，是文王用来检阅军队的；阙巩的皮甲，是武王用来攻克商朝的。这些都赐予了唐叔，都在晋国。此后，襄王将大路、戎路之车、斧钺、秬鬯、彤弓、勇士都赐予晋文公，让他保有南阳之田并安抚和征伐东部各国。这不是分得赏赐又是什么？从前，你的高祖孙伯黡掌管晋国典籍，主持国家大事，所以称为籍氏。辛有的次子董到了晋国，就有了董氏的史官。你是司典的后代，为什么会忘记？籍谈不能回答。客人出去以后，周景王说，籍谈数典而忘其祖，他的后代恐怕不能享有禄位了。

晏婴论乐

周景王二十三年（前522），晏婴对音乐作了论述："一气（动感情）、二体（舞有文武）、三类（《风》、《雅》、《颂》）、四物（四方之物制成乐器）、五声（宫、商、角、徵、羽）、六律（黄钟、太簇、姑洗、蕤宾、夷则、无射，阳声为律，阴声为吕）、七音（宫、商、角、徵、羽、变音、变徵，即今谓音阶）、八风（八方之风）、

演奏图，清人任熊绘。

九歌（九功之德皆可歌颂）以相成也；清浊、小大、短长、疾徐、哀乐、刚柔、迟速、高下、出入、周疏以相成也；清浊、小大、短长、疾徐、哀乐、刚柔、迟速、高下、出入、周疏以相济也"。这是我国较早而完整的一种音乐理论。周景王令晏婴铸"无射"编钟，曾向著名音乐家伶州鸠请教音律，这时已有以黄钟为首的十二律，而且以此作为铸钟的理论根据。

晏婴论音乐、论同和，以及单旗"子母相权论"的提出，老子道学的出现，表明中国这一时代已出现了一些理论，开始在较抽象的领域发展，中国文明在各个方面开始展开。

弹箜篌图，清人任熊绘。

中国音乐十二律体系完成

周代乐律学有重大建树，开始创立了完整的音阶形态及其理论，从而奠定了中华乐律学的基础。五声音阶、七声音阶和十二律理论都在此时期形成。

据《国语·周语》记载，周景王(前544~前520在位)在前522年曾问乐律于乐官伶州鸠。

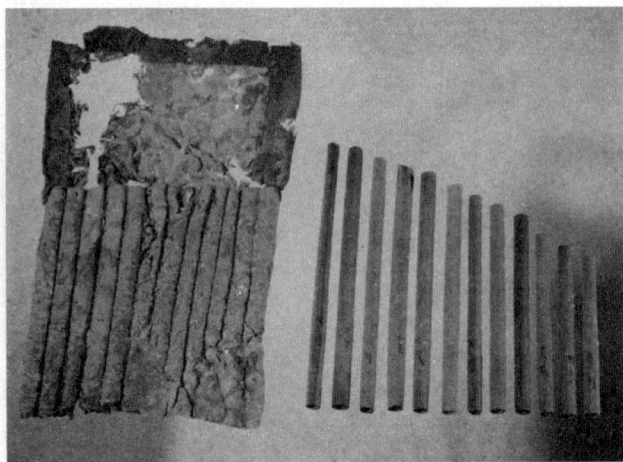

湖南马王堆出土的竹制十二音律管

伶州鸠讲了许多乐律学知识。他按六阳六阴的顺序列举了黄钟、大吕、太簇、夹钟、姑洗、仲吕、蕤宾、林钟、夷则、南吕、无射、应钟等12个律名。这是十二律名见于典籍的最早的完备记载。

同时春秋时代音乐发达的现象造成了和的范畴的提出，它本来指的是音乐的音符去其音质而组成玄妙的旋律性，后来发展为指有个别性质的事物去其本性而成为一个本体论的旋律性的和。这后来成为战国美学的本质特征，与希腊人追求几何结构的清晰性是完全不同的。和最终上升为本体论范畴，与德一起构成战国哲学基本方式。

520 ~ 511B.C.

春秋

520B.C.

周景王二十五年王子朝杀周悼王自立。周敬王立。

519B.C. 周敬王元年

尹氏立王子朝，敬王避居狄泉。

518B.C. 周敬王二年

楚边邑卑梁（今安徽天长西北）女子与吴女子争桑，引起两国战争。我国南方的养蚕、丝织业已关系到国计民生，为政府所保护。

517B.C. 周敬王三年

九月，鲁昭公出奔齐。

鲁大夫季孙氏僭用周天子"八佾"（即舞者八行，每行八人），反映春秋后期"礼崩乐坏"的局面。

鲁季氏和郈氏斗鸡取乐，季氏用甲保护鸡，郈氏用金属装备鸡爪。此为斗鸡之始。

516B.C. 周敬王四年

此前商羊舞已在民间儿童中流行。至今戏曲中尚有"商羊脚"或"商羊步"。

515B.C. 周敬王五年

四月，吴公子光使武士专诸杀王僚而自立，是为吴王阖闾。

楚杀费无极，尽灭其族。

514B.C. 周敬王六年

晋杀祁盈与羊舌食我，尽灭祁氏、羊舌氏。

晋执政魏舒分祁氏之田为七县，分羊舌氏之田以为三县；六卿各命其子为县大夫，晋公室益弱，六卿皆大。

吴王阖闾元年，使伍子胥筑阖闾城（今江苏苏州），历史文化名城苏州建城始此。

513B.C. 周敬王七年

晋顷公十三年，铸刑鼎，颁布已故执政范宣子所定《刑书》。

蔡墨谓五行之官（神）有"木正曰句芒，火正曰祝融，金正曰蓐收，水正曰玄冥，土正曰后土，"为社稷五祀之贵神。

512B.C. 周敬王八年

军事理论家孙武是年以《兵法》十三篇见吴王阖闾，因任为将。

515B.C.

希腊哲学家巴门尼德生。

513B.C.

波斯皇帝大流士率师渡赫利斯滂特海峡与多瑙河，征服色雷斯，是为大流士远征欧洲之始。

周室二王并立

　　周景王二十五年（前520）夏天，周景王死，周大夫单穆公等立景王长子猛，是为悼王。景王庶子王子朝发动叛乱，以争夺王位。王子朝击败悼王的军队。

　　当年，周悼王死，周敬王继位。

　　周敬王元年（前519），晋国拥立周敬王，派兵围攻王子朝，王子朝溃败。晋军撤回。六月，王子朝卷土重来，屡败周朝军队。六月二十四日，王子朝进入王城。此时敬王居王城东之狄泉，人称东王；王子朝被周世卿尹氏立为王，以称西王。于是形成二王并立的局面。

　　王子朝作乱后，王子朝与周敬王长期对峙，相互争斗。

　　周敬王三年（前517）夏，晋赵鞅召集鲁叔诣、宋乐大心、卫北宫喜、郑游吉以及曹人、邾人、滕人、薛人、小邾人在黄父（今山西沁水县西北）相会，商量安定王室。赵鞅命令各国向周天子输送粮食，准备好戍守的将士，并告诉各国，明年将送周敬王返回王城。周敬王四年（前516）十月十六日，周敬王在晋军拥护下在滑（今河南偃师县南）起兵。十一月，支持王子朝的周世卿召伯盈见晋师节节取胜，于是倒戈逐王子朝，王子朝与部分召氏之族及毛、尹等族携带周室典籍，出奔于楚。

　　十一月二十三日，周敬王进入成周。

宋公栾簠

1979 年河南省固始县侯古堆一号墓出土，共出两器。器盖同铭 2 行 20 字。高 25 厘米、口纵 26.5 厘米、口横 33.5 厘米、底纵 27.1 厘米、底横 34.1 厘米器。

本器为春秋时代宋景公所作，是不多的宋国青铜器中的佼佼者。宋是商的后裔，所以宋景公自称汤的玄孙。铭文记宋景公

宋公栾簠铭文

之妹嫁于吴王为夫人，为史籍所未载。宋景公，即位于前 516 年，过去曾有他所作鼎、戈见于著录。此簠形制朴质，花纹也不多见，为宋器特有风格。

宋公栾簠，春秋盛食器。器长方体，兽形双耳，矩形四短足。器表满饰雷纹。盖与器形制、纹饰相同，扣合后成一体。器内有铭文二十字，记宋公栾为其妹作嫁媵。

101

孔子赴齐·三月不知肉味

周敬王六年（前514）孔子赴齐国，成为高昭子的家臣，并想拜见齐景公。孔子与齐太师谈论乐，学《韶乐》，欣赏音乐后，三月不知肉味。

齐景公向孔子询问政道，孔子回答说："君君，臣臣，父父，子子。"景公称善。后来，又复问，孔子说"政在节财"，景公大悦。

孔子的出现是时代的象征。他将以同族结合为基础的礼乐转换为较具普遍社会性的礼乐——社会制度，进而提出"仁"做为礼乐实现之目标。"仁"一方面是指个人的人格，个人人格没有贫富贵贱之别。另一方面则指人际关

孔子闻韶处。孔子三十五岁时离开鲁国，前往齐国，"闻韶乐，三月不知肉味"。图为山东淄博齐故城东南的"孔子闻韶处"。

系，人际关系以彼此承认对方的人格为要。要实现"仁"，必须靠教育和教养；而礼乐则是实现"仁"的手段，因此要从礼乐的学习与研究着手。孔子以身作则，从事教育工作，所收学生不限阶级，诚可谓"有教无类"。其精神是可佩的。

春秋战国时代中国的音乐发展到了一个高峰，孔子闻韶不知肉味的故事体现了当时音乐艺术和音乐欣赏的水平，文人和士大夫把音乐修养作为教养的一部分，孔子还由此引申出礼乐精神，成为战国儒家的一个核心观念。

孔子赴齐，获齐景公赏识，但受到晏婴等大夫的诋毁而返鲁，明无名氏《圣迹图》描绘了这一段遭遇。

三桓逐鲁昭公

周敬王三年（前517），鲁国季氏、郈氏斗鸡。季氏给鸡套上皮甲，郈氏给鸡安上金属爪子，季氏的鸡斗败，季平子发怒，便在郈氏领地里扩展自己的住宅，郈昭伯于是怨恨季平子。

后来，臧昭伯之弟臧会伪谗臧氏，匿于季氏，臧昭伯执季氏之人。季平子怒，囚臧氏家臣。臧氏、郈氏于是告难于鲁昭公，要除去季平子。九月十一日，鲁昭公不听子家驹的劝告，下令攻打季氏，杀死季平子之弟公之，并攻进季氏家中。季平子请迁于沂水，昭公不许；又请囚于鄪（季氏封地），不许；请求带5辆车子逃亡，复不许。子家驹劝昭公许之，昭公不听。叔孙氏家臣戾问大家："季氏是存有利？还是亡有利？"大家都说："没有季氏，就没有叔孙氏。"于是戾带大家援助季氏，打败王室军队，杀郈昭伯。孟懿子闻叔孙氏胜，亦杀郈昭伯。三桓共伐昭公，鲁昭公见三桓势力强大，于是和臧孙到祖墓辞别祖宗，开始逃亡，依附于齐。

鲁三桓在春秋早期发展很快，拥有自己的领土、附臣和军队，其政治势力逐渐凌驾于鲁国国君之上，是春秋时代大夫势力膨胀的代表，成为等级制破坏、政局混乱的一个因素。三桓逐鲁君是三桓势力的高峰。

单人骑马开始出现

周敬王三年（前517），宋人左师展与宋元公"乘马而归"，此时，单人骑马开始出现。在洛阳金村出土的春秋铜镜上，绘有骑士持剑刺虎图，也反映出单人骑马的出现。

在此之前，上古中国属于乘车穿裙文化，男女都以穿裙为主，交通和战争中使用马匹也主要用于拉车，骑马是上古中国人的生活方式。后来，受游牧民族的影响，骑马才逐渐流行，生活方式亦随之发生变化。为中国服饰进入按头制帽、量体裁衣

双兽三轮盘，春秋后期盥洗器。吴越青铜器中属于有强烈地域色彩的器物。

阶段打下基础。中国历代服饰分为两种基本形制：一种是上衣下裳制，一种是衣裳连属制。在数千年的服饰演变史中，两种形制的服装交相使用。

专诸刺吴王僚·吴王阖闾即位

吴王诸樊死时遗命王位继承兄终弟及，以使幼弟季札最终能够即位。周景王十八年（前527），吴王夷末死，应由季札继立，季札坚辞不就，结果夷末的儿子僚即位为王。诸樊的儿子公子光不服，暗中打算夺位。

配儿句鑃。器主配儿，当是吴王阖闾初立太子，夫差之兄。

周敬王五年（前515）吴王僚派两个弟弟公子掩余、公子烛庸率吴军围攻楚的潜（今安徽霍山县东北）邑，被楚阻截而进退两难。吴公子光认为，这是图谋杀吴王大事的良机。他与勇士专诸谋刺吴王僚，于是专诸将老母亲、弱子托付给公子光，自己冒死去刺杀王僚。此年四月，公子光先在地下室埋伏甲士，然后设享礼招待吴王。王僚让甲士披甲坐于道路两旁，一直排列到大门口。大门、台阶、里门、坐席上，都是王僚的亲兵。亲兵手持短剑，卫护在王僚两旁。端菜的人要在门外先脱光衣服，换穿别的衣服，才能进门。进门后要膝行而入，被持剑的亲兵用剑夹着，剑尖快要碰到身上，然后才递给上菜的人。一切布置好以后，公子光假装有脚病，躲进地下室。专诸把剑放在鱼肚子里，然后进入，抽出剑猛刺王僚，杀死了王僚，两旁的短剑也交叉穿进专诸的胸膛。吴王僚死后，公子光继位，即吴王阖闾。

汉墓石画专诸刺吴王像图

子太叔论礼仪

周敬王三年（前517）黄父之会时，郑国子太叔拜见晋赵鞅。赵鞅询问揖让、周旋之礼。子太叔回答说这些是仪，不是礼。赵鞅问什么叫礼。子太叔回答说，先大夫子产说："礼，是上天的规范、大地的准则、百姓行动的依据。天地的规范准则，百姓就加以效法。效法上天的明亮，依据大地的本性，生出上天的六气，使用大地的五行。气是五种味道，表现为五种颜色，显示为五种声音。过限度就会昏乱，百姓就失掉本性。因此制作礼来使它有所遵循：制定了六畜、五牲、三牺，以使五味有所遵循；制定九文、六采、五章，以使五色有所遵循；制定九歌、八风、七音、六律，以使五声有所遵循。制定君臣上下的关系，以效法大地的准则；制定夫妇内外的关系，以规范阴阳二物；制定父子、兄弟、姑姊、甥舅、翁婿、连襟的关系，以象征上天的明亮；制定政策法令、农工管理、行动措施，以随顺四时；制定刑罚、牢狱而让百姓害怕，以模仿雷电的杀伤；制定温和慈祥的措施，以效法上天的生长万物。

百姓有好恶、喜怒、哀乐，它们从六气派生，所以要审慎地效法、适当地模仿，以制约六志。哀痛有哭泣，欢乐有歌舞，高兴有施舍，愤怒有战斗。高兴从爱好派生，愤怒从讨厌派生。因此要使行动审慎，使命令有信用，用祸福赏罚来制约死生。生，是人们所喜好的；死，是人们所讨厌的。人们的哀伤、欢乐不失于礼，就能够协调天地的本性，因此才能够长久。"

赵鞅听了以后赞扬说，礼的宏大到了极点！子太叔说："礼，是上下的纲纪、天地的准则，百姓依靠它而生存，因此先王尊崇它。它的宏大，不也是适宜的吗？"

子太叔这段礼仪之论，实际上是郑国政治家子产的思想。在春秋当时，"礼崩乐坏"，子产在哲学上将礼作为天地之道，称传统的礼为仪，这是春秋第一个重要哲学思想，对战国时儒家的"礼"有重大影响，是孔子、荀子等人礼乐思想的先驱。

名医扁鹊

扁鹊名秦越人，传说年少时为客舍长。舍客长桑君经过，扁鹊对他很友善，长桑君看出扁鹊非平凡之辈。十几年后，有一天长桑君对扁鹊说："我有传世秘方，现年老，想把这方子传给你，你不要让外人知道。"扁鹊发誓。长桑君于是从怀里拿出药，说："配上池水饮服，

扁鹊像，出自清人《先医神像册》

30日后当有效。"把秘方都传给扁鹊。言毕忽地不见。扁鹊服了30日药后，可隔墙看见物体。诊病，尽见五脏之症结。

神医画像石，山东曲阜孔庙藏东汉画像石。图中三人跪坐，面向神医。神医人面人手，山鹊身躯，当是扁鹊的神话形象。神医右手似在为病人按脉。

扁鹊于是开始行医，经过虢，听说虢太子死，扁鹊向中庶子好方术者询问太子病情后，说："我能使他复活。"于是入诊太子，还能听到耳鸣，看到鼻翼微张，两腿之间尚有余温。中庶子马上告知虢君。虢君已经悲痛得不能自已。请扁鹊救活太子。扁鹊于是医治，一会，太子仿佛一觉醒来，又服了两个月的药，太子就好了。天下人都传颂着扁鹊能医死人。扁鹊说："不是我能使人死而复生，而是他本来就是活的，我只是使他站起来罢了。"

晋国赵武死，传景叔，景叔死，传简子赵鞅，当时晋公室弱，六卿强。周敬王二十年（前500），赵鞅得病，五日不省人事，众大夫害怕。请来扁鹊诊病。扁鹊说：从前秦穆公也得过这病，昏睡七日醒来，说见到先帝，先帝告之于命。现在赵鞅之病相同，不出三日必醒来，醒来之后必有话告你们。过了两日半，赵鞅果然醒来。说"住在帝王处真快活，先帝命我射熊、罴，又赏赐我二笥，我看见儿子躺在先帝一侧，先帝又赏给我一翟犬。"左右告诉赵鞅扁鹊预言，赵鞅惊叹，赏扁鹊良田4万亩。

扁鹊经过齐国，齐桓侯款待他。扁鹊说："您有疾病在腠理，不及时医治将加深。"桓侯不相信，认为扁鹊想居功。过了五日，扁鹊又见桓侯，说："您的病已经进到血脉。"桓侯还是不信。又过了五日，见了桓侯，说："病情

已深入肠胃。"桓侯不答理。又过了五日，扁鹊望见桓侯后就退走。桓侯奇怪，派人询问，扁鹊说："当病还在腠理，汤熨可治好；到了血脉，针石之法可治好；入到肠胃，酒醪可治好。深入到骨髓，则无可奈何。现在桓侯的病已到了骨髓，我也无计可施。"又过五日，桓侯发病，派人寻找扁鹊，扁鹊已不知去向。桓侯于是不治而死。

扁鹊医术高明，名闻天下。能医妇科、耳目鼻科、小儿科等等。秦国太医令李醯自知医术不够扁鹊高明，妒忌扁鹊，就指派人把扁鹊杀害了。

春秋医学是中国医学的发生期，我们现在所能见到的有关那个时代的医学材料不多，而且分散。《左传》记载秦国医生医缓说晋侯的病在"肓之上，膏之下"，似乎认为疾病是从外向里发展的。它还记载医和的疾病理论（天有六气，阴、阳、风、雨、晦、明，在四时、五节中循环，分别生成寒、热、末、腹、成、心六种疾病）。扁鹊则是中国方剂学鼻祖。扁鹊是中国最早的名医，已成为医生的代名词，他的出现，代表了中国医学的兴起。

吴王重用伍员·吴国始盛

周敬王六年（前514），吴王阖闾任用伍员为行人（外交官），以伯嚭为大夫，共谋国事。在伍员和伯嚭的主持下，吴国进行了一系列改革，国势渐大。

令伍员受命筑阖闾城（今江苏苏州），名城苏州（姑苏）开始建立。周敬王八年（前512），伍员推荐孙武给阖闾，孙武与吴王讨论晋六卿强弱，开始治兵。

阖闾命令收留两逃亡公子的徐国和钟

春秋时代已盛行的台榭高层建筑

吾国抓拿两公子，但两国却让他们逃到楚国，楚昭王封赏他们土地，甚为优待，吴王因而怒楚。此年十二月，吴抓获钟离国君，进而攻打徐国，灭徐。周敬王九年（前511），吴王采用伍员的谋略讨伐楚国，吴军分为三师，轮流出扰，彼出此归，彼归此出，楚军疲于奔命。吴三师趁势齐出，大败楚军。周敬王十年（前510），吴王率军讨伐越国，越君允常迎战，吴、越首次交兵。由于吴国重用伍员，不断治国强兵，国力开始强盛，威震诸侯。

诸侯为周筑城

周敬王十年（前510），周室已经破落，无力筑城，请诸侯为它修筑毁于王子朝之乱的城周。于是晋魏舒、韩不信、齐高张、宋仲几、鲁仲孙何忌、郑国参等大夫会于京师。晋士弥牟制订工程方案，计算城墙长度、高度、厚度和沟渠深宽，考察土方数量，运输远近，以及所需器材和粮食，预计用工多少和完工日期，以命令诸侯服役。

筑城工程本身不重要，却是世界上最早的工程运筹学，说明当时数学、工程已极其发达。

孙武治吴军·《孙子兵法》著成

孙武是春秋晚期兵家，齐国人，后写《孙子兵法》而仕于吴，在他的治理下，吴国的军事力量一时强盛，吴国大军威震四方。

周敬王八年（前512），伍员推荐孙武给吴王阖闾治兵。孙武献兵法13篇，阖闾称善。为了试验孙武所著兵法的效力，阖闾命他以兵法训练宫中美女。孙武在训练中严申军纪，斩掉两名担任队长而不听约束的吴王宠妃，宫人由此而大惧，进退跪起无不听命。阖闾由此知孙武之能用兵，便任命他帮助治理军队。

孙武像

同年，吴王欲攻楚都郢，将军孙武以为当等待。周敬王十四年（前506），吴王问伍员、孙武可否伐楚。二人曰：楚将子常贪婪，唐、蔡都怨恨，与唐、蔡联合可以。吴王于是出师与唐、蔡共同伐楚。至汉水，楚发兵拒吴，二军夹水而阵。与楚五战五胜，追至郢，楚因此丧失了争霸力量。

由于吴国重用伍员、孙武治国强兵，国力强盛。春秋晚期，吴国的大军

《孙子兵法》各种文本

威震四方，西破强楚，北威齐、晋，南服越人。

孙武在兵法上提出了一整套克敌制胜的战略战术。他总结了前代军事思想的成果，对夏商以来，特别是春秋时代的战争进行研究，并以自己的独到创见将其融会贯通，形成一个思想严谨、结构合理的军事理论体系。孙武的军事思想主要包括战争观、战略理论和作战思想三个方面。

孙武继承了先秦时期注重戎事的传统，对战争有害的方面也有清醒认识。他对战争的基本态度是重兵、慎战，重视战争而不轻易发动战争。孙武反对穷兵黩武，主张非危不战。由重兵、慎战的思想所决定，孙武主张应认真研究战争，深入了解战争，这样才能赢得战争的胜利，由此提出知兵、知战的思想，要求知己知彼、知天知

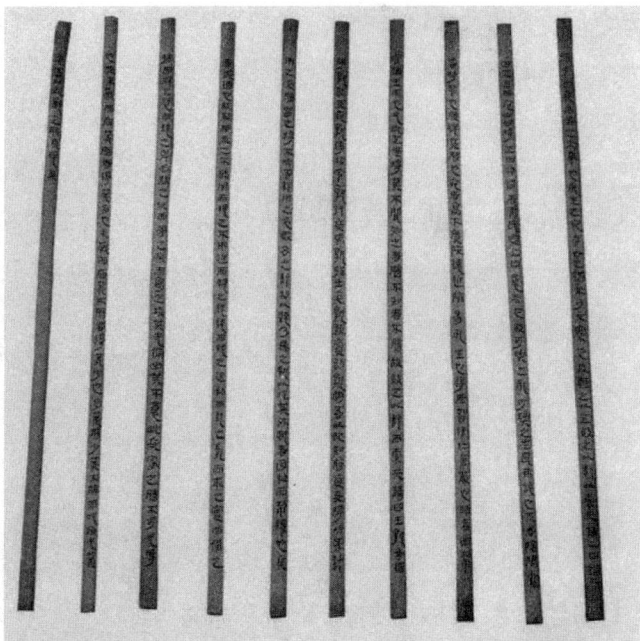
《孙子后法》汉简。银雀山汉墓出土的《孙子兵法》竹简（复原模型）。

113

地，在战争和作战指导上做到对敌我双方各方面情况的把握了解，这样才能百战不殆。

孙武的战略理论以国家之间的战争作为主要研究对象，以国家利益作为出发点和核心问题，以安国全军作为战争的首要目的。因此，孙武在战略上注重内因制胜、修道保法和伐谋伐交。他首先从战略角度阐述了决定战争胜负的基本因素，即所谓的"五事"：道、天、地、将、法，其中国家内政情况、军事实力和指挥官的才能是最主要的，属于内因。他进一步阐发内因制胜的理论，主张从国家自身内部进行努力，使自己在战略上立于不败之地，以待敌人出现，这样才是善战。孙武从国家利益出发，提出速战速决和取用于敌的战略指导思想。同时，孙武还特别重视运用政治和外交等非军事手段进攻、打击、削弱敌人，提出伐谋伐交、不战而胜的战略思想。

孙武的作战思想特别强调发挥人的主观能动性，在客观条件具备的情况下，充分运用人的智谋。灵活变化是孙子作战思想的灵魂，他认为兵无常势，用兵的方法也不可固定不变，必须根据战争情况的变化而变化。诡诈用兵是孙子作战思想的核心，他认为用兵作战的核心问题是以诡诈变化的手段迷惑、调动别人，达到攻其无备、出其不意的目的。

孙武在《孙子兵法》一书中，提出了一系列具有普遍指导意义的作战原则和作战方法。他的兵法思想标志着中国古代军事学的成熟。

"孙子"石碑。这是清代著名经学家孙星衍在苏州留下的有关孙子情况的石碑。

510 ~ 501B.C.
春秋

506B.C. 周敬王十四年

十一月,吴师、蔡师、唐师与楚师战于柏举,大败楚师,五战及郢,楚王奔随,楚臣申包胥赴秦乞援。

505B.C. 周敬王十五年

春,周人杀王子朝于楚。

六月,楚申包胥以秦师救楚,击败吴师,复郢,十月,楚昭王还都。

六月,鲁季孙意如卒,家臣阳虎囚其子斯而专鲁政。

504B.C. 周敬王十六年

秋,鲁季孙氏家臣阳虎盟鲁侯及三桓于周社,盟国人亳社,诅于五父之衢。

502B.C. 周敬王十八年

二月,周大夫单子伐穀城、简城,刘子伐仪粟、盂等地,肃清叛党,以定王室。

冬,鲁阳虎欲去三桓而以党于己者代其位,谋杀季氏,季氏入于孟氏,阳虎劫鲁侯及叔孙以攻孟氏,弗克,入于灌、阳关以叛。

501B.C. 周敬王十九年

春,郑驷歂杀邓析而用其竹刑。

509B.C.

希腊雅典执政克利斯梯尼斯受权起草新宪法,进行改革。罗马建立以地区为基础的划分。

相传罗马共和国创立于此年。

508B.C.

罗马人与迦太基订立条约,罗马人承认迦太基在非洲之权利,迦太基人承认罗马人在拉丁姆之权利。

约 500B.C.

希腊伊奥尼亚诸城邦反对波斯统治之斗争开始。

希腊人、腓尼基人和迦太基占领撒丁。

赫拉克利特著《论大自然》。

古印度史诗《罗摩衍那》产生。

雅典伯里克利生。

吴王破楚入郢

前 506 年，吴军攻破楚都郢，吴国声威大震，成霸业。

　　吴楚之间的战争连绵不断，直到吴王僚时期，双方仍是各有胜负。阖闾夺取吴国王位之后，采用伍子胥的计谋，分兵数支，频频出击以调动楚军，楚军四处奔波，疲惫不堪，渐处守势，吴军夺取楚国许多城池。在这样困难的局面下，楚国执政令尹子常却贪鄙残暴，为了索求贿赂而先后扣留了唐、蔡两国的国君，招致两国极大的怨恨。

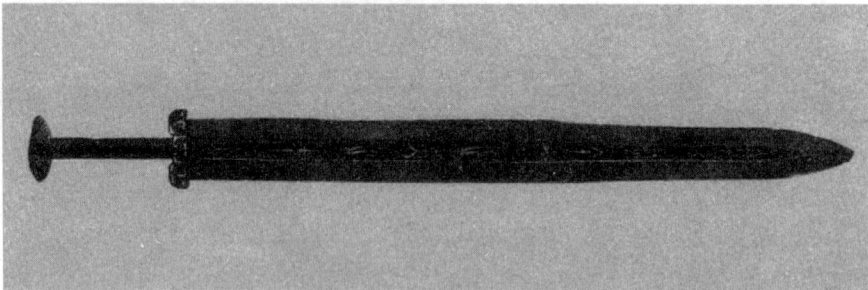

少虡剑，春秋后期兵器。长锷，宽格，圆茎，喇叭形首。格饰窃曲纹，首饰同心圆纹。剑身中部平脊微凹，两面有嵌金铭文共二十字，记作剑日期及剑名。

　　阖闾九年（前 506）冬天，吴王征求伍子胥、孙武的意见，伍、孙二人认为楚将子常贪婪，招怨唐、蔡两国，吴与唐、蔡联合出兵定可胜楚。吴王阖闾便亲率吴国大军，以唐、蔡军队为先导。吴军乘船抵蔡，在淮汭登陆，在豫章一带与楚军隔汉水而对峙。楚左司马沈尹戍向子常献计：包抄吴军后路，毁掉吴军舟船，前后夹击吴军。子常生怕沈尹戍立了大功，故意不采纳他的计策，自己率领楚军主力抢先渡过汉水，与吴军交战，接连三次败北。吴、楚双方又于柏举（今湖北麻城东北）列阵而对。阖闾之弟夫概分析战场形势，认为"子常不仁不义，下属官兵缺乏斗志，只要首先进攻，然后大军跟进，楚军必败无疑"，未得军令的夫概带领部下5000士兵突袭楚军，楚军溃退，吴王率领大军长途追击，在清发水（今湖北安陆县）追上楚军，趁楚军渡河至水中央时，猛烈进攻，大获全胜。楚军残部继续逃跑，在雍澨（今湖北京山）又被吴军追杀。吴军五战五捷，抵达楚都郢。十一月二十七日，楚昭王携其妹逃出郢，吴军于次日入郢。伍子胥掘楚平王墓，鞭尸300以泄旧愤。

申包胥哭秦廷·秦助楚复国

楚昭王十年（前506），吴王阖闾与楚亡臣伍子胥率领军队大败楚国，楚昭王先出奔郧（今湖北安陆），郧公之弟欲杀昭王以报父仇，被郧公劝阻，昭王只得又出奔随（今湖北随县）。

吴军攻入楚国郢都，楚国面临生死存亡之际，申包胥急急忙忙赶到秦国请求援助。楚大夫申

蟠虺纹盉

包胥与伍子胥从前是朋友，楚平王因废立太子事杀害子胥父伍奢，子胥逃亡前对包胥说："我一定要灭亡楚国。"申包胥则答道："我一定要保存楚国。"申包胥请求秦国施以援手，拯救楚国。秦哀公犹豫不决，申包胥靠在宫廷的墙上哀声痛哭，日夜不断，连续七个日夜滴水不进。秦哀公深受感动，终于答应出兵。次年，秦哀公派子蒲、子虎率领500辆战车救楚，大胜吴军于稷（今河南桐柏境）。吴国军队撤回国内，楚昭王返回楚都郢，楚复国。

117

鸟盖云纹扁壶

二十八宿体系形成

　　湖北随县发掘的战国初曾侯乙墓中，出土了一个漆箱，其盖上绘有青龙白虎，中间书写一个斗字，围绕斗字的二十八个字正是二十八宿的名称，表明将四象与二十八宿配合在当时已是常识，所以才会将这种图案描绘于日常用具上作为装饰。

　　二十八宿是将黄赤道带星空划分成二十八部分，用二十八个名称命名的星空划分体系。早期载有二十八宿的可靠文献是《吕氏春秋》、《礼记·月令》、《周礼》等书，它们的时代最早的大约在战国中期（公元前四世纪）。而从这些记载中的天象推算，则可提前到春秋中叶（公元前七世纪）。湖北省随县出土的二十八宿漆箱盖的发现，则把文献证据提前到公元前五世纪。此时，二十八宿名称已经完备。它们与四象配伍如下：东宫苍龙：角、亢、氐、房、心、尾、箕七宿；北宫玄武：斗、牛、女、虚、危、室、壁七宿；西宫白虎：奎、娄、胃、昴、毕、觜、参七宿；南宫朱雀：井、鬼、柳、星、张、翼、轸七宿。各宿分布，疏密不均，井宿横跨30多度，而觜宿、鬼宿仅跨几度。中国二十八宿是不等间距划分，这同先秦时期形成的"分野"说有一定关系。"分野"是将地上的州域与星空相对应，用某区天象占卜地上某州域之事的星占用语，是先秦天人观的一种表现。州域有大小，诸侯有强弱，故相应星空的间距也不相等。二十八宿体系的建立，使人们能较准确地测量日月五星相对于恒星的运动，能较准确地观测异常天象发生的位置，还能准确决定冬至点之所在，它对于中国古代天文学的发展，有着特殊重要的意义。

战国曾侯乙墓出土二十八宿漆木箱

119

鲁国阳虎作乱

鲁定公五年（前 505），季平子去世，季氏的家臣阳虎揽取大权。9 月，阳虎囚禁季桓子，强迫季桓子盟誓，将季孙氏的权力交给他。鲁定公七年（前 503），齐国攻鲁，夺取郓（今山东沂水东北）地让阳虎掌管。鲁定公八年（前 502）十月，阳虎与季氏庶子季寤、叔孙氏庶子叔孙辄相勾结，准备乘祭祀的机会发难，杀死三桓，以季寤取代季桓子，以叔孙辄取代叔孙武叔，自己取代孟懿子。不料事情泄露，孟孙氏预先得知，计划先发制人。与此同时，季桓子以计逃脱阳虎魔掌。预谋不能得逞，阳虎便劫持鲁定公和叔孙武叔进攻孟孙氏，双方在都城内大战，阳虎不敌，出逃至阳关（今山东宁阳县北）据守。

次年六月，三桓出兵攻打阳关，阳虎败而出奔至齐国，请求齐景公出兵伐鲁，景公准备答应而被鲍文子劝止。阳虎被囚，后又逃到晋国赵简子门下。

在春秋时代，礼制崩溃，诸侯僭于天子，大夫架空诸侯，家臣胁持宗主。鲁三桓以大夫而凌驾于鲁君之上，季氏家臣阳虎又作乱反对三桓，代表春秋时代特色。

邓析被杀

邓析为春秋末年郑国思想家和革新家。子产执政时，任郑国大夫。邓析是坚决反对"礼治"的先行者，"不法先王，不是礼义"，又勇于挑战旧传统，"以非为是，以是为非"。不但反对顽固坚守"礼治"的旧奴隶主贵族，也反对继承周礼传统以子产为代表的新的封建贵族。在立法上，他不满子产所铸刑书，自编了一部《竹刑》。邓析还曾提出"事断于法"的主张，意即必须以法作为判断人们言行的是非标准，这正是后来法家反对"礼治"，主张"法治"的要求。

邓析还开办私学，传授法律知识、诉讼方法，当时向他"学讼者不可胜数"。邓析又擅长辩论，"操两可之说，设无穷之词"，并能"持之有故，言之成理"。

名学本身并不是一家学说，而是春秋战国时代逻辑研究的主流，并且与政治论相结合。邓析对春秋时实用诡辩术的理论化有贡献，提出用"参转"的办法，也就是用意义的组合、聚合、生成、分析任意在肯否定间转换，他的两可论很有影响。这是战国逻辑的产生。

邓析是文化勃兴期学者的早期代表，在物理、逻辑、法学、教育等方面都对中国文化有深刻的影响。他发明桔槔，首创私学，创立法学，开名辩之风，是时代的先驱。

蔡侯钟

春秋时期蔡侯之器物。安徽省寿县蔡侯墓出土。传世共8枚。铭文12行82字。最大者高40.5厘米，舞纵17.5厘米，舞横22厘米，鼓间19.5厘米，铣间26厘米。最小者高28.5厘米，舞纵12.5厘米，舞横16厘米，鼓间15厘米，铣间19厘米。

铭文是蔡昭侯自述其志的韵文。蔡昭侯说：我虽是浅薄少子，但我不敢废事以求安逸，恭敬之心不变，以辅佐楚王。安定平和地相处，称美得到的盛福。明察于心，和顺为德。望大夫们同心协力，兴我邦国，敬慎地施行政令，没有过失，没有差错。作此歌钟，使其发音永远美好，传之子孙用以奏乐。

蔡侯钟

蔡侯钟制作精美，铭文音韵流畅，是春秋中晚期钟铭韵文中的佳作。

蔡侯钟，春秋后期乐器。共八枚，为一编。铭文说明蔡侯是被楚灭后重立的附庸之君。

传说邓析发明桔槔，桔槔是春秋时利用杠杆原理的汲水工具。

蔡侯申鼎

蔡侯申鼎

春秋时期蔡昭侯申（前 518 ~ 前 491）所作食鼎于安徽省寿县蔡侯幕出土。共 9 件。盖及腹内铭文 2 行 6 字。最大高 48.5 厘米，口径 36 厘米。铭文为："蔡侯申之飤鼎。"意即蔡文侯之煮食鼎。

鼎立耳外撇，束腰，平底，蹄足。口沿及腹下缘饰密点纹，腹中间饰一道弦纹，周围有六片云状扉棱。足上部饰兽面。出土进时有一匕。

形制类似王子午鼎，但无盖，纹饰亦较简素，与同出蟠螭纹大鼎有区别。同出 7 件，尺寸递减，最大的高约 52 厘米，最小的高约 42 厘米。寿县西门蔡侯墓青铜器显然受楚国影响，鼎的形制是其明证。

夔龙冏纹鼎

蔡侯申蟠螭纹鼎

嵌红铜龙纹敦

蔡侯申鼎铭文

蔡侯尊

春秋时期蔡侯之盛酒礼器，尊于 1955 年安徽省寿县蔡侯墓出土。铭文 23 行 95 字，重文 3。高 29.7 厘米，口径 25 厘米。

铭文大意是蔡昭侯作长女大孟姬媵器的致语。蔡侯申虔敬地接受天命，敬对天命，升配于天，当持之以谨慎而决不变易。大孟姬（长女）循礼而为，春秋祭祀极为明备，永远得到保佑。庄敬嘉善，端正严肃，遵循文王之母大任，举止尊严而又和善可亲。聪明善良，欢欣舒畅。尊贵的仪表非常之大方得体，美好的容貌秀丽又明朗。康乐和好，相配吴王，长亨考寿，子孙满堂。万年无疆。

整篇铭文是韵文，语言流畅，代表了春秋中晚期器铭诗歌的特色。文字修长优美，富于美术性，是江淮文字的代表作。

孔子仕鲁

鲁定公五年（前 505），季桓子家打井得一瓦器，里面有一物似羊。季桓子询问孔子，说自己得到的物体像一只狗。孔子答道，以我所知道的，应该是羊。木石中的怪物是夔、魍魉，水中的怪物是龙、罔象，土中之怪是羵羊（传说中穴居的怪羊）。吴国进攻越国，毁会稽山（今浙江绍兴东南），得一骨节，其大满车。吴使询问孔子，什么样的骨头最大？孔子答说：禹会百神于会稽山，防风氏后至，禹杀之，其骨节大至满车，这就是最大的骨节。孔子知识广博的名声逐渐传播出去。鲁定公八年，季氏家臣公山不狃在费（今山东费县西北）

反叛季氏，派人召孔子，孔子修道日久，学识丰富，可是没有人启用他，英雄无用武之地，公山不狃既召之，孔子跃跃欲试，准备应召，感慨而言：周文王、周武王起于丰、镐（今陕西西安市西）而最终称王，费虽小，难道就没有一点可能性吗？孔子弟子子路不同意，劝阻孔子。孔子说：假若我被启用，我将为周王室效力啊。然而孔子终于没有应允公山不狃之召。

名声在外的孔子，终被鲁定公所用，先任孔子为中都主管，为时不过一年，政绩显著，四方效仿，遂被升迁为司空，后又迁升为大司寇。鲁定公十年（前500），定公将与齐景公在夹谷相会（今山东莱芜东南）。齐大夫黎钽向景公献计：孔丘虽知礼但胆怯，相会之时叫莱人奏乐，乘机囚获鲁君。齐景公也一直担心孔丘事鲁危及齐国，便打算采纳黎钽的计策。会面日期将至，鲁定公准备只乘车前往，不作武力准备。孔子谏道：有文事必有武备，武事必有文备。相会之日，孔子担任"相礼"。齐国官员请进四方之乐，景公同意，于是羽旄剑戟鼓噪而进。孔子看穿齐国欲谋不轨，急忙说道：两国国君为交好而相会，夷狄之乐怎么可以进来？于是就请齐国官吏叫他们退场。隔了一会儿，齐国官吏又生一计，请进宫中之乐，景公又同意，戏子侏儒打闹着相拥而入。孔子正色道：匹夫惑乱诸侯当斩。命令鲁国官吏拿下戏子侏儒立即处死。齐景公开始害怕起来，自己也觉得不仁不义，于是归还侵鲁所得之郓（今山东沂水东北）、汶阳（今汶河北）、龟阴（今山东泰安东）三地，以表示弥补自己的过失。

孔子前半生用心于政治，力图复礼，在为鲁国任用的一段时间里曾全力施展其抱负和才能，在司法、教育和打击三桓势力上作过不少努力，虽然见效不大，但也显示了他的政治见解。后因与鲁国君臣政见不合，孔子于55岁时去鲁，开始了他周游列国的阶段。

春秋

百家争鸣时期

500B.C. 周敬王二十年

鲁贞公与齐侯会于来谷，孔子为相。晏婴去世。

498B.C. 周敬王二十二年

鲁仲由（孔子弟子，字子路）为季氏宰，将堕（折毁）三都。叔孙率师堕郈，季孙仲孙率师堕费。将堕成，孟孙氏臣公敛处不堕，冬，定公围成，弗克。

齐馈鲁女乐，孔子去鲁适卫。

497B.C. 周敬王二十三年

秋，晋卿争权。十二月，赵鞅入绛，盟于公宫，赵鞅复位。

侯马盟书遗址出土12枚大型耸肩尖足空首布和大量空首布内范，是目前考古发掘能判定年代最早的布币。

496B.C. 周敬王二十四年

夏，吴攻越，越王勾践败吴师于檇李，吴王阖闾负伤，还卒于陉，子夫差立。

494B.C. 周敬王二十六年

吴王夫差败越于夫椒，遂入越，越王勾践以甲楯五千，保于会稽，使大夫文种求和，三月，吴与越和。

490B.C. 周敬王三十年

孔子弟子颜渊约卒于本年。

496B.C.

悲剧家索福克利斯生。

494B.C.

波斯舰队围攻希腊米利都城邦，城不久失陷，伊奥尼亚遂一蹶不振，失去希腊文化中心的地位。

罗马平民反抗贵族压迫的斗争起。贵族作了许多让步，设立了二个保民官由平民自己选举。

希腊开始历史文学作品写作（米利都的赫卡托伊斯和迪奥尼修斯）。

希腊进入古陶器时期。

埃利亚的芝诺生。

在陈绝粮。孔子周游列国时曾被困于孙蔡之间，虽绝粮，仍讲诵不衰。图为《圣迹图》中所表现的情景。

孔子离鲁去卫·开始周游列国

　　周敬王二十二年（前498）鲁司寇孔丘对鲁定公说："文臣不能藏兵器，大夫不能有超过百雉之城。"请求毁掉三桓之都邑，包括季孙氏的费（今山东费县西北），叔孙氏的郈（今山东东平县东南），孟孙氏的成（今山东宁阳东北）。三桓的臣宰势大震主，往往控制三都以欺凌三家，如南蒯曾据费邑发动叛乱，候犯曾占据郈，两次围攻都不能攻克。所以三桓为三都之事苦恼。叔孙氏先毁掉郈邑。季氏打算毁掉费邑，费邑之宰公山不狃和叔孙辄率领费邑人袭击鲁都。鲁定公和季孙等三人躲进季氏宫室，登上武子之台。费人攻打，没有攻克。费人攻到武子之台下面，司寇孔子命令鲁大夫申句须和乐颀下台回击，费人败北。国人追赶，又在姑蔑（今山东泗水县东）将其打败，公山不狃和叔孙辄逃奔齐，于是就毁掉费邑。将要毁成邑时，成邑总管公敛处对

129

孟孙说，毁掉成邑，齐国人必然可以直抵国境北门。而且成邑是孟氏的保障。没有成邑，就没有孟氏。后来，鲁定公领兵包围成邑，但没有攻下。

此年冬，鲁定公叛晋，与齐景公盟于黄，齐赠歌舞美女给鲁，鲁定公及执政季桓子终日沉迷于歌乐酒色，"三日不听政"，孔子终对鲁失去希望，自此离鲁，周游列国。

晋生内乱·演变为诸侯混战

周敬王二十年（前500），晋赵鞅伐卫，卫人惧，进贡五百家给赵鞅。赵鞅放在其同族兄弟邯郸午那里。周敬王二十三年（前497），赵鞅请午归还那五百家。午答应，回去与父亲兄弟商量，他们不同意，于是背约。赵鞅发怒，逮捕午，囚禁在晋阳，派人告诉邯郸人另立继承人，不奏请晋定公就把午杀了。午之子赵稷和涉宾据守邯郸发动叛乱。六月，晋上军司马籍秦围攻邯郸。荀寅是邯郸午之舅，荀寅之子娶范吉射之女为妻，所以荀氏和范氏不赞成围攻邯郸，并图谋作乱，攻打赵鞅。七月，范氏、荀氏攻打赵氏在晋都的宫室，赵鞅逃奔至晋阳，晋人遂包围晋阳。十一月，晋定公允许，荀跞、韩不信、魏曼多攻打范氏、荀氏，欲驱逐荀寅、范吉射，但没有成功。荀寅、范吉射率兵攻打晋定公。国人帮助晋定公，将荀寅、范吉射打败。晋的韩、赵、魏三家发兵进攻，荀寅、范吉射逃奔到朝歌。韩氏、魏氏向晋定公请求，允许赵鞅返回晋都。赵鞅于是进入绛都，并在公宫盟誓。

周敬王二十四年（前496）齐、宋、卫三国之君在洮（曹地，今山东鄄城西南）会盟，谋救晋范氏、荀氏。此年冬，晋师在潞（今山西潞城东北）打败范氏、荀氏军队。郑国出兵援助范、荀，亦被晋师所败。

周敬王二十六年（前494），齐景公、卫灵公在乾侯会盟，谋求救援范氏。齐、鲁、卫、鲜虞之师联合伐晋，夺取棘蒲（今河北赵县）。此年冬，晋赵鞅讨伐朝歌。

周敬王二十八年（前592），晋赵鞅又率军包围朝歌，荀寅、范吉射突围逃至邯郸，投奔赵稷。赵鞅于是围困邯郸达三日之久，邯郸投降。荀寅等逃至鲜虞。齐国为救援荀寅即伐晋，齐将周夏率军，夺取邢、任、栾、鄗、逆、畤、阳人、盂、壶口，与荀寅在鲜虞会合，把他们安排在柏人。

周敬王三十年（前490），赵鞅追讨荀寅、范吉射至柏人，荀、范又逃回齐。赵鞅又以卫国曾帮助范氏、荀氏作乱，讨伐卫国，包围中牟。这场很快发展为牵涉所有强族的晋国内乱，后来更演变为诸侯间的战争。前后几近10年，晋国国力大为削弱，失去诸侯霸主地位。

龟纹簋，春秋中后期盛食器。四范合铸。口沿外卷，浅腹，圈足。肩上有四个兽首系鼻。口沿上饰C形纹。足饰云雷纹。制作精妙，器形庄重，颇富地方特色。纹饰风格和吴越文化地区出土的越式青铜器相同。

春秋末年，大夫势力膨胀，三桓分鲁，田篡齐、三家分晋是其顶峰和终结，这是春秋地方势力发展的最后阶段，引起众多战争。在这之后，逐渐向战国过渡，中国进入了新的发展阶段，开始向大规模封建社会发展，赵简子鞅前493年盟誓时已郡县连称，这个时代已出现县和郡，表明旧式天子、诸侯、大夫的私人领地制度已转向行政制。

131

连珠云纹簋，春秋中后期盛食器。

云纹簋，春秋中后期盛食器。

几何纹簋，春秋中后期盛食器。

几何纹簋，春秋中后期盛食器。

吴王阖闾攻越·战败而死

　　周敬王二十四年（前496），吴王阖闾听闻越王允常死，便兴兵伐越。越国新君勾践率兵抵御，在檇李（今浙江嘉兴县南）摆开阵势。勾践担心吴国军阵严整而无隙可乘，便派敢死队前去冲锋，吴军阵脚不动。于是勾践又命罪犯排成三行，在阵前把剑放在自己脖子上说："两位国君出兵作战，下臣触犯军令，在君王的队列之前丢丑，所以不敢逃避刑罚，谨自首而死。"于是都自刎而死。吴军都惊异地观看，勾践乘机下令攻击，大败吴军。越国大夫灵姑浮甲戈击中吴王阖闾，击断了阖闾脚趾，还捡获阖闾一只鞋，吴军败退途中，阖闾死于距檇李仅七里之遥的陉地。

　　吴王阖闾是最后一位无争议的霸主，但其势力远不及前几位。真正的霸主实际上只有齐桓、晋文。吴越兴起于春秋末期，春秋霸主争夺战已是强弩之末，新的势力、制度已经开始兴起。

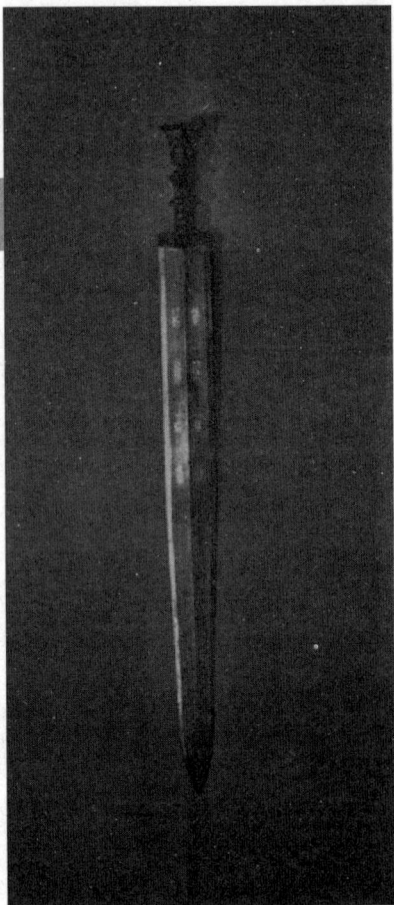

越王勾践剑。剑身有菱形暗纹，格上花纹嵌蓝琉璃及绿松石。出土时插在素漆木鞘中，颈上缠有丝绳。全长55.6厘米，近格处铭"越王勾践自作用剑"2行8字。此剑出于楚墓，在墓主骨架左侧，作为随身佩剑。剑至今锋利，光泽夺目，堪称吴越名剑之代表作。

134

吴师破越·勾践卧薪尝胆

周敬王二十四年（前496），吴王阖闾战死。夫差即位，誓要报仇。周敬王二十五年（前495），夫差任命大夫伯嚭为太宰，向他学习战射，要雪耻檇李之战之辱。

周敬王二十六年（前494）春，吴王夫差为报父仇而率军攻越，在夫越（今浙江绍兴北）打败越军，越军退守会稽山（今浙江绍兴东南）。越王勾践率披甲持盾的5000名士兵守卫，同时贿赂吴太宰嚭而求和。越国又给夫差进献美女，太宰对夫差说：只要越国臣服就可以了。伍员认为不妥，说："越国与我国世代为仇，现不灭越，以后必然后悔，勾践是贤能之君，又有文种、范蠡等良臣辅助，如果让他们返回越国，必有后患。"此时，夫差有志向北方扩土。不纳伍员之言，与越媾和。

勾践与范蠡作为人质留在吴国。卑事夫差，而把治理国事之政交给文种。

勾践在越三年，到周敬王二十九年（前491）吴王夫差赦勾践归国，他苦心积虑，立志报仇雪恨。为了磨砺志气，不忘屈辱，他把苦胆挂在室内，吃饭之时一定要先尝苦胆。睡觉时候身下垫着木柴，以使自己警惕，不得居安忘危，丧失报仇雪恨的决心。他亲自与百姓一起共同耕作，让夫人织布裁衣，食不加肉，衣不饰采，与民同甘共苦。经过长期的艰苦奋斗，"十年生聚，十年教训"，越国终于从失败中重新崛起。

周敬王三十八年（前482）夏，越王勾践乘夫差远出，以大军攻吴，越以精兵4万，近卫亲军6000分两路伐吴。越大夫畴无馀、讴阳率师从南方先抵吴国都，吴王孙弥庸、王子地出击，胜越师，俘获无馀及讴阳。越王勾践率大军复至，大败吴师，俘获吴太子友及王孙弥庸等，破吴都。夫差归国派人求和，越王答允。

周元王四年（前473），勾践再次大举攻吴，击败吴军。囚吴王夫差于姑苏山。吴王夫差派公孙雄往见勾践请和，勾践不许，再次进兵吴，勾践请夫差居甬东。与三百家为其服役以终享天年，夫差谢曰："吾老矣，不能事君王！"遂自杀。此后，周元王封勾践为伯，即诸侯之长，勾践遂称霸于诸侯。

《越中贤石》

唐代大诗人李白作有多首怀古诗。他的怀古诗大多借古喻今，而这首《越中贤石》则表现对人世沉浮的感慨。

"越王勾践破吴归，义士还家尽锦衣。宫女如花满春殿，只今惟有鹧鸪飞。"

前两句就眼前之古迹叙事，"义士还家尽锦衣"足见封赏之重，以及"义士"胜利而归之意气洋洋。后两句由古而叹今，"宫女如花满春殿"，极写了越王凯旋之后的忘乎所以，沉湎于女色的情景。而今日呢？当年满是如花宫女的殿堂里，只有鹧鸪在活动了。由此可见今昔盛衰，读罢令人慨叹不已。而"生于忧患，死于安乐"之戒亦寓其中。

吴王夫差鉴

此鉴方唇束颈，腹下敛，平底。两侧明兽首耳，前后两面饰伏兽。腹饰浪花状变形蟠虺纹带。吴王夫差于前495年即位，至公元前473年国亡自尽。此器自河南传出，当时河南为晋地，是吴亡后吴人奔晋时所带去的。

此器制作精美，是春秋晚期吴越青铜器中的精品，在造形上体现了中国雕塑艺术的进步，器两侧各有一兽首环耳。在两耳间，又有两虎前爪抓住口沿作欲饮状，伏腰卷尾，形象生动。此鉴造型雄伟、稳重、浑厚，艺术性甚高。

鉴内壁上有铭文12字曰："吴王夫差择厥吉金，自作御鉴。"文字优美，春秋时期的书法出现了因地域而风格各异的现象，东南方各国的铜器铭文都有美化的趋向，或作鸟虫书，或作蝌蚪书等。而《攻吴王夫差鉴》却作瘦长体，字形、笔划不加修饰。文字显得质朴规整，线条均匀，起止尖锋。字距、行距较大，布局疏朗。已具后来小篆的雏形。

吴王夫差鉴铭文。春秋时期的书法出现了因地域而风格各异的现象，东南方各国的铜器铭文都有美化的趋向，或作鸟虫书，或蝌蚪书等。而吴王夫差鉴却作瘦长体。文字显得质朴规整，线条均匀，起止尖锋。字距、行距较大，布局疏朗，已具后来小篆的雏形。

牺首盉。春秋后期和酒器。

吴王夫差鉴,春秋盛水器。大口,折沿,颈微凹,腹下敛,平底。器身有蟠虺纹三道,最下一道纹饰由二十组蝉纹排列组成。器腹两侧有虎首衔环兽耳,两耳间的口沿旁有浮雕伏虎装饰,虎攀缘器口作探水状。器腹内壁有铭文"吴王夫差择厥吉金,自作御监"两行十二字。夫差为吴王阖闾(吴王光)之子。

吴王夫差鉴局部。此鉴为春秋盛水器。器形如大缸，器腹两侧有虎头状
兽耳，两耳间的口沿旁有锥状角的虎攀缘器口。通体饰繁密的交龙纹三周。
这是吴王夫差宫廷中御用之物。

围棋广泛普及

百家争鸣时期

中国最早的围棋记载是
《论语》、《左传》和《孟子》
中的记载。《论语·阳货》：
"饱食终日，无所用心，难矣
哉，不有博弈者乎，为之犹贤
乎已。"《孟子·离娄下》："博
弈好饮酒，不顾父母之养，二
不孝也。"孔孟所说的"博"
是指古代象棋，"弈"指下围棋，
二人所论反映出当时喜欢下围
棋的大有人在。《孟子·告子
上》说："弈秋，通国之善弈
者也。使弈秋诲二人弈，其一

弈棋图。只要摆开棋盘，不管是在雅室内，还是山上大
石旁，棋手马上就会全身心地投入，成为一种高雅的享
受。

专心致志，惟弈秋之为听。一人虽听之，一心以为有鸿鹄将至，思援弓缴而
射之。虽与之俱学，弗若之矣。"这段文字表明作为围棋好手的弈秋列国皆知，
且以此教授学生，可见春秋时代围棋已广泛普及。

围棋在当时寓意着军事，因此弈成为人们相当重视的活动。《关尹子·一字》
说："习射、习御、习琴、习弈，终无一事可以一息得。"可见当时的人们
已把下围棋和射箭、驾车、操琴看作并列的文体活动。与此同时，下围棋的
规律也逐渐总结出来。《尹文子》中说："以智力求者，譬如弈棋，进退取与，
攻劫放舍，在我者也。"

490 ~ 480B.C.

春秋

486B.C. 周敬王三十四年

吴王夫差十年，在邗筑城，并开邗沟，沟通长江、淮河，为我国最古的运河，后代大运河仍利用其河道。

484B.C. 周敬王三十六年

春，齐攻鲁，季氏宰冉求（孔子弟子）率左师，管周父御，樊迟（孔子弟子）为右，季氏之甲七千，冉有以武城三百，为己徒卒，与齐师战于鲁郊。

五月，鲁会吴攻齐，大败齐师于艾陵。吴王夫差赐伍员以属镂之剑，使自尽。孔子自卫返鲁。

481B.C. 周敬王三十九年

鲁哀公十四年春，鲁猎人获麟。

鲁国春秋，即绝笔于是年，因此，春秋时代亦止于是年。

490B.C.

波斯皇帝大流士派舰 600 艘，自海路攻击希腊本土，焚伊里特里亚城，俘其居民，自马拉松海湾登陆，希腊诸邦大震。雅典急遣长途赛跑优胜者斐力庇第斯赴斯巴达求援助，斯巴达拘于宗教节日，拒绝立刻应援。雅典军队在天才司令官米太雅第的指挥下，于是年 8 月 10 日大败波斯军于马拉松，杀波斯兵 6400 人，波斯军遂退回西亚。

487B.C.

希腊雅典宪法又得到进一步的改革。创立贝壳驱逐法。

485B.C.

阿布德拉的希腊哲学家普罗塔哥拉生。

波斯皇帝大流士死。

484B.C.

希腊历史家希罗多德生于小亚细亚的哈利加纳速城。著"希波战争史"。

483B.C.

特米斯托克列斯组建海军，建立海上强权。

480B.C.

八月中，波斯大军由赫里斯滂海峡进入希腊本土，斯巴达王利阿尼达率精兵御之于德摩比勒之天险地区。斯巴达人英勇抵抗，连战三日，利阿尼达所率精兵三百人，全部战殁，无一生还，但予波斯人以极大打击。

9 月 20 日，雅典舰队大败波斯舰队于拉米海峡。

141

夫差进军中原·伍员诤谏而死

吴王夫差二年（前494），夫差为父王阖闾报仇雪恨，举兵伐越，越国大败，越王勾践求和。夫差不听从伍子胥不可留后患的劝谏，听太宰嚭之言，同意越国的求和。

七年，夫差趁齐国大臣作乱，准备出兵北伐齐国，争霸中原。子胥认为越王勾践食不甘味，吊死问疾，收服民心，此人不死，必为吴患，现在越是吴国心腹之疾，不先灭之，

凤纹尊，春秋中期容酒器。

反去伐齐，是很荒谬的。吴王不听，伐齐，大胜，于是从此疏远子胥。前488年，吴王夫差在鄟（今山东枣庄市东）召鲁哀公来相会，又派人往鲁求取百牢，以供宴礼之用。按周礼，周王会诸候，宴礼十二牢。夫差之举显然是欲打破周制，显示势力。后因鲁国执政大臣季康子派子贡向太宰嚭以周礼婉拒，百牢之宴才取消。

吴王率军占据齐、鲁南部，同年九月，又为驺伐鲁，与鲁结盟而还。夫差十年，吴军班师回国。次年，吴王又打算北伐齐国，子胥又谏，吴王不听，派子胥出使齐国，子胥观夫差行为，知吴国必亡，就把儿子留在齐国，只身一人回吴国继续为吴王效力。而这时吴王率军伐齐失利，撤兵回国。太宰嚭与子胥早有冲突，乘机谗毁子胥。吴王夫差便赐子胥自刎。子胥仰天长叹：

我使你父王称霸诸侯，又冒死相争使你被立为太子。你继立为吴王时，曾想将吴国分封于我，今天怎么反而去听谗臣之言而杀长者！越国亡吴国为时不远了。

子胥既死，吴王夫差于十三年（前483），召鲁、卫之君会于橐皋（今安徽合肥东南）。十四年春，吴王夫差北会诸侯于黄池（今河南封丘南），立意保全周室，称霸中国。七月，吴王与晋定公争为盟长，各不相让。吴国声威震中原，成为五霸之一。

后夫差闻勾践率越师破吴都，乃让位于晋侯，回师复国，霸业消亡。至二十三年（前473），越终灭吴，夫差自杀而亡。

勾践伐吴

越王勾践十五年（前482），吴王夫差率师北上，以会北方诸侯，留太子友、王子地等守国。勾践见吴国内空虚，遂发兵5万进攻吴国，吴军大败，六月二十二日吴都也陷于越师之手。吴太子友被俘。吴人赶到黄池向吴王夫差告急，夫差于盟誓之后回师复国，一面又派人送上厚礼向越王勾践求和，越王考虑到一时还不能灭掉吴国，于是许和。4年之后，越国愈发强大，而吴国则由于连年征战，精锐之师在与齐国作战中损失殆尽，士兵百姓皆疲敝至极。越王勾践于是乘机伐吴，败吴军于笠泽（今江苏苏州南）。夫差二十年，越王再次伐吴，连续征战3年，吴军彻底战败。越王勾践将吴王置于姑苏之山，吴王夫差派公孙雄向越王请求赦免吴国，如吴赦越。勾践欲许之而范蠡谏止，终不赦免吴国，夫差自杀，越遂灭吴。

勾践灭吴之后，又率兵北渡淮水，与齐、晋诸侯会于徐州（今山东微山东北），又献贡物于周室。周元王赐命吴王勾践为侯伯。勾践以淮上之地予楚，归吴所侵宋地于宋，予鲁泗水东地百里。当时，越兵横行于江淮，诸侯毕贺，越号称霸王。

143

吴凿邗江

吴王夫差为着攻伐齐、晋，称霸中原，于前486年，下令在邗（今江苏扬州市东）筑城，又开凿邗江（又名邗沟、邗溟沟、渠水、中渎水），南引长江水，北过高邮西，然后折

邗沟

向东北入射阳湖，又从西北流经淮安往北与淮河相通，这样就使漕运能从长江一直达到淮河。邗江为我国最古的运河，后代大运河仍利用其河道。

田成子杀齐简公·齐政归田氏

田成子与监止为齐国的左右相，辅助齐简公。简公宠信监止，田成子暗中忌妒，御鞅劝简公于监、田二人中择一而任之，简公不从。田成子父亲田僖子为政，大斗贷出，小斗收回，收服民心，齐国百姓歌曰："妪乎采芑，归乎田成子。"田成子知道民心向己，于是在周敬王三十九年（前481）五月，与其兄弟四人杀监止，又在徐州（今山东滕县东南）抓住齐简公并杀之。

田成子既杀齐简公，便立简公弟骜，即平公。平公继位，田成子为相，专齐之政，割齐安平（今山东临淄东南）以东为田氏封邑，封邑大于平公所食，又诛灭鲍、晏、监止及公族中强者，田氏在齐国一统天下。

孔子归鲁·开始著述

鲁哀公十一年（前484），应鲁大夫季康之召，孔子返回鲁国。此时，距离孔子率弟子出外游历宋、卫、陈、楚、蔡等国已14年之久。孔子虽满怀改良时政、复兴周礼的政治抱负，然而终不见用。

孔子初归鲁时，鲁哀公、季康曾先后问政于孔子，但终究没有重新启用。孔子眼见自己的政治理想无以施展，于是转而致力于讲学与著述，以求得自己的理想、思想、学识流播于后世。

孔子讲学图

《春秋》是鲁国历代史官世袭相承集体编录，记载了从鲁隐公元年至鲁哀公十四年（前722—前481）共242年的历史大事。孔子及其门人从维护周礼的准则出发，重新修订《春秋》。因而，当时吴、楚之君皆自称为王，《春秋》贬之为"子"。践土之会实召周天子，而《春秋》讳之为"天王狩于河阳"。欲以此来规范诸侯各国，拨乱反正，所谓"《春秋》行而乱臣贼子惧"。

孔子有感于当时周室衰微，礼乐皆废。说"为国以礼"，又说"不学礼，无以立"。"礼"指周礼，包括奴隶制的条法等级世袭制度、道德标准和仪节。孔子又强调"礼"必须以"仁"的思想感情为基础，"仁"与"礼"要相辅相成。

孔子不仕修诗书图，[明]《圣迹图》。

孔子又相当重视"乐"的陶冶情感作用，乐指音乐，因"诗"为歌词，合而言之，"乐"也包涵诗。孔子主张"礼"以修外，"乐"以修内。以为"安上治民，莫善于礼；移风易俗，莫善于乐"（《孝经·广要道》）。

从西周开始至春秋中期，传下古诗3000篇，孔子去其重复，取可施于礼义者，删定为305篇，并分为"风"、"雅"、"颂"三类，即流传下来的《诗经》。孔子说"诗"的作用有四：激发道德情感；观察风俗盛衰；增进相互情谊；批评政治得失。

与此同时，孔子开办私学，弟子先后达3000多人，身通六艺者70余人。

孔子的教育目的是造就改良政治需要的"贤才"。"贤才"即"君子"，"君子"首先必须是道德完善的人，能以身作则，"修己以安百姓"。因"为政以德"（《为政》），法治具有强制性，只能约束人们的外部行为，德治才具有感化力，才能影响人们的心灵，所谓"其身正，不令而行；其身不正，虽令不从"（《子路》）。

在教育方法上，孔子注意个性差异，根据不同的个性特点进行教学，因材施教，循序渐进，启发诱导，调动学生学习的主动性与求知欲，引导他们发展道德情感，树立道德信念，追求远大理想。孔子又强调学习与思考、学习与行动相结合。所谓"学而不思则罔，思而不学则殆"（《为政》），"听其言，观其行"。

孔子早年热衷于仕途，但限于历史条件，其政治抱负不为世人理解，在经历周游列国的磨难后，专力于著述和教学，编定五经，奠定了儒家基础，而儒家成为汉代以后的文化主流。

五谷命名定型

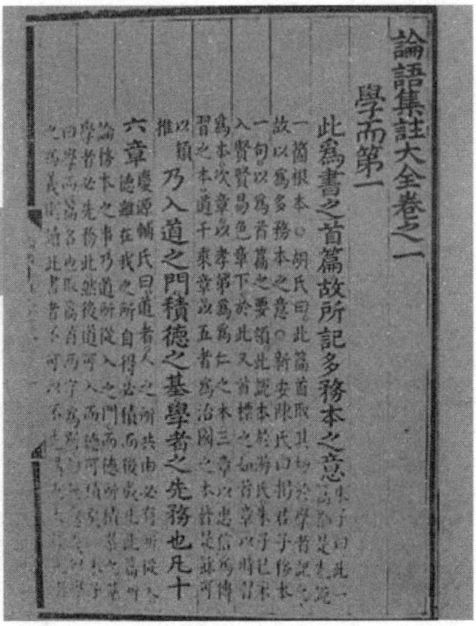
論語集註大全卷之一
學而第一
此爲書之首篇故所記多務本之意
乃入道之門積德之基學者之先務也凡十六章

《论语》书影

《论语》的“微子”篇中说到“四体不勤，五谷不分”，这是中国史籍中首次提到五谷。五谷的概念在春秋时代开始定型，五谷成为中国食物的主体。

五谷指的是哪几种作物，有三种说法。黍、稷、麻、麦、豆，黍、稷、豆、麦、稻，稻、秫（稷）、麦、豆、麻，三种说法不尽相同，但共包含6种作物，与《吕氏春秋·审时》篇所说的6种主要粮食完全一致，中国的主食结构在春秋时代基本定型。

已知最早的辘轳出现

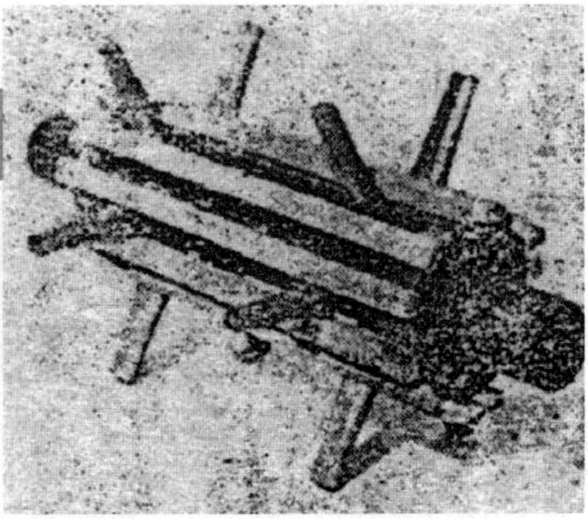

采矿用辘轳复原图

辘轳是古代的起重机械，属于绞车中的一种类型。辘轳在春秋战国时代已用于从竖井中提升铜矿石。1974年在湖北铜绿山春秋战国古铜矿遗址发掘中发现木制辘轳轴两根，其中一根全长2500毫米，直径260毫米，经判定为用于提升铜矿石的起重辘轳的残件。这是已知最早的辘轳。

辘轳的运用

中国第一部诗歌总集《诗经》编成

　　《诗经》是中国最早的一部诗歌总集，编成于春秋中叶，收集了从西周初到春秋中叶约 500 年间的诗歌 305 篇（另有《南陔》、《白华》、《华黍》、《由庚》、《崇丘》、《由仪》6 篇，只存篇名，疑是后人所加），先秦称为《诗》或"诗三百"，到汉代《诗》被朝廷正式奉为儒家经典，始有《诗经》之名，并沿用至今。

　　《诗经》是经过不断的搜集、整理和编订而成的。相传周代采诗官员"行人"深入民间四处采访，收集民歌以供朝廷了解民情风俗和考察政治得失，另外周代又有公卿大夫和诸侯向天子献诗的制度。这些搜集和陈献来的作品经过乐师的审理编定，使其词汇、句法、韵律都相当一致。

　　《诗经》的作品当时是用来配乐歌唱的，根据音乐的不同，分为"风"、"雅"、"颂"三部分。"风"是各诸侯国的地方音乐，共 160 篇，其中大部分是民歌；"雅"是西周京畿地区的正声音乐，共 105 篇；"颂"是用于宗庙祭祀的舞曲歌辞，共 40 篇。《诗经》中最富有思想意义和艺术价值的是《国风》，它广泛而真实地表现了下层人民的生活困苦和喜怒哀乐，反映出当时严重的阶级对立。如《豳风·七月》把农夫终年的艰辛劳作与统治阶级奢侈无聊的生活加以对比；《魏风·伐檀》中对不劳而获的剥削者发出强烈质问："不稼不穑，胡取禾三百廛兮？不狩不猎，胡瞻尔庭有县貆兮？彼君子兮？不素餐兮？"而《魏风·硕鼠》把剥削者比作大老鼠，抨击他们"莫我肯顾"，表示"逝将去汝，适彼乐土。"还有不少作品控诉了战争和徭役给人民带来的灾难。如《唐风·鸨羽》写无休无止的"王事"使人民无暇耕作，家中父母无人奉养；《邶风·式微》写主人公长期服役，奔走于泥涂，抱怨统治者使他有家不能归。另外，歌颂爱情婚姻和家庭生活的作品在《国风》中占了很大比重，有的写相思苦、失恋愁，有的表现了对爱情的忠贞、对礼教的反抗等。

鹿鸣之什图卷（两幅）。此卷设色画《诗经·小雅》中《鹿鸣》等十篇大意，字画各十段，每段画面前书《诗经》原文。卷末又书另外三篇的诗序，但无原诗，也无画面。传世为宋高宗赵构或宋孝宗、马和之画的毛诗图卷，现流传有近二十卷之多，但确可定为真迹。其中书写文字者，则很难确认是高宗或孝宗。卷中书法摹似高宗，但仅得其形貌，与孝宗书法也不相同，应为当时御书院中人所书。
此处所选仅为《鹿鸣之什图》卷中的《鹿鸣》（上）和《四牡》（下）两段图文。

《诗经》风格朴实清新，逼真地再现了生活原貌；开创了中国诗歌的写实传统。其表现手法，前人概括为赋、比、兴。赋是用铺陈手法直接叙事抒

幽凤图卷（两幅）。此图设色画《诗经·豳风》中《七月》等七篇大意，字画各七段，每段画面前书《诗经》原文。卷中书画均无款印。本幅上有明人项笃寿、项元汴、清人梁清标诸印及乾隆、嘉庆、宣统内府收藏印多方。经《清河书画舫》、《清河书画表》、《式古堂书画汇考》、《大观录》、《石渠实笈·续编》、《石渠随笔》著录。

此处所选仅为《豳风图》卷中的《七月》（上）和《狼跋》（下）两段画面。

情，多见于《颂》和《大雅》，如《七月》中以时令和物候的变化为背景，详细描写农夫一年四季的生活状态，展示了一幅农村的生动风俗画。赋对《诗经》的写实性和形象性起了积极作用。比即比喻，对人或物加以形象的比喻，使其特征更加鲜明突出，如《庸风·相鼠》和《魏风·硕鼠》用令人憎恶的老鼠来比喻统治者的贪婪和丑陋，《豳风·鸱鸮》假托一只小鸟诉说其不幸遭遇，以比喻下层人民生活的艰难。兴是借助其他事物作为发端，引起所要歌咏的内容，使人产生联想，或用于烘托和渲染气氛，如《邶风·谷风》用"习习谷风，以阴以雨"开端，给全诗罩上一层阴暗色彩，预示着矛盾的爆发和女主人公的悲剧命运。赋比兴手法的运用，可在诗中产生多重艺术效果，增加诗的韵味和形象感染力，构成生动鲜明的艺术形象。

《诗经》主要是四言诗，这是在原始歌谣的基础上发展起来的早期诗歌形式，适应当时劳动、舞蹈的节奏和语言发展水平。《诗经》语言准确生动，动词和形容词运用精当巧妙，用重叠的章句来表达思想感情，在音律和修辞上都收到美的效果。

近代的文学史家一般轻视雅诗和颂诗，而注重由民歌构成的国风。但实际上，雅、颂也有相当的艺术价值，其中一部分是真正的文人纯文学。

即使是国风也不能完全代表民歌特色，尽管其中大量的内容无疑是来自民间，但加工者的改造一定是非常大的，因为从押韵上看不出一点地方方言的痕迹，而这种情况在民歌中几乎没有可能发生。

所以，我们在很大程度上可以把国风看作孔子（也许还有其它人）的改造，而雅、颂的改造可能小一点。在改造中表达了春秋时代与雅诗一致的审美观。从各方面看，它们反映了春秋赋诗所代表的时代风尚和孔子学派的政治和审美观点。

春秋盛行上巳日之会

古代有采诗以观风俗的制度。这说明诗歌在一定程度上真实地反映了当时社会生活的面貌。从古籍留存的材料来看，春秋时代或以前中原地区曾有过类似古希腊人在祭祀酒神的节日放纵情欲的风俗。这种风俗在古今中外各不同民族都曾见过。即使在20世纪的现代，有些较落后的地方尚有类似的风俗。

《诗经·郑风·溱洧》篇，清王先谦《三家诗义集疏》引韩诗说，记载一段关于郑国的风俗："溱与洧，说人也。郑国之俗，三月上巳之日于两水上招魂续魄，拂除不祥，故诗人愿与所说者俱往观也。""所说者"指的是喜欢的人。

韩诗说云："当此盛流之时，众士与众女执兰而被除邪恶。"

郑笺云："男女相弃，各无匹偶，感春气并出，托采芬芳之草而为淫秽之行。"

"维士与女，伊其相谑，赠之以勺药。"郑笺："伊，因也，士与女往观，因相戏谑，行夫妇之事。其别，则送女以勺药，结恩情也。"

从上述所引述材料，可见在三月的春天，郑国风俗有上巳日之会。在溱、洧水畔，举行盛大的祭祀典礼。在这节日里，男女相携而至，彼此言笑甚欢，

春秋金异兽形车辕饰件。金兽为虎头、羊角，四足生蹄，身长双翼，造型奇特而生动。头微昂起，躯体蜷缩，四肢微张，似将腾空而起，静中蓄动，趣味横生。为车辕饰件。金兽头部和四肢为圆雕，躯干部分为浮雕，达到了装饰性与实用性的统一。背面各装有两根长约1.3厘米的铆钉，以便与车辕连接。

互相戏弄，而以狂欢"行夫妇之事"。从这几则可见这节日本来就是被除不祥。三月三日修禊节。可见由于男女杂沓而来，变成男女狂欢最大会期。

古籍中记载："燕之有祖泽，当齐之社稷，宋以桑林，楚之云梦也，此男女之所乐而观也。"《明鬼·墨子》

这里"祖泽""社稷""桑林""云梦"正如前文引郑国溱洧之上，是男女幽会野合的场所。而"桑林""桑间"后来更成为中国语言中表现淫秽之所的隐语。